HEYNE<

Bis auf einige Namen,
die zur Wahrung der Anonymität bestimmter Personen
geändert wurden, sind alle Begebenheiten
in diesem Buch authentisch.

ANNICK KAYITESI

Wie Phönix aus der Asche

Ich überlebte
das Massaker in Ruanda

Mit einem Vorwort von André Glucksmann

In Zusammenarbeit mit Albertine Gentou

Aus dem Französischen
von Eliane Hagedorn und Bettina Runge
(Kollektiv Druck-Reif)

WILHELM HEYNE VERLAG
MÜNCHEN

Die Originalausgabe erschien 2004 unter dem Titel
»Nous existons encore«
bei Éditions Michel Lafon, Neuilly-sur-Seine

Produktgruppe aus vorbildlich
bewirtschafteten Wäldern und
anderen kontrollierten Herkünften

Zert.-Nr. SGS-COC-1940
www.fsc.org
© 1996 Forest Stewardship Council

Verlagsgruppe Random House
FSC-DEU-0100
Das FSC-zertifizierte Papier *München Super* für
Taschenbücher aus dem Heyne Verlag
liefert Mochenwangen Papier.

2. Auflage
Deutsche Erstausgabe 12/2005
Redaktion: Eva Spensberger
Copyright © Michel Lafon Publishing, 2004 NOUS EXISTONS ENCORE
Copyright © 2005 der deutschsprachigen Ausgabe by
Wilhelm Heyne Verlag, München,
in der Verlagsgruppe Random House GmbH
Printed in Germany 2005
Umschlagkonzept und -gestaltung:
Hauptmann und Kompanie Werbeagentur, München – Zürich
Umschlagillustration: © Ch. Lartige
Satz: C. Schaber Datentechnik, Wels
Druck und Bindung: GGP Media GmbH, Pößneck

ISBN-10: 3-453-64015-2
ISBN-13: 978-3-453-64015-3

www.heyne.de

*Für meinen Vater Athanase
und meine Schwester Nana,
die bei einem Unfall ums Leben
gekommen sind.*

*Für meine Mutter Spéciose
und meinen Bruder Aimé,
die ermordet wurden,
weil sie Tutsi waren.*

*Damit ihre Namen nicht in
Vergessenheit geraten.*

Inhalt

Vorwort   9

ERSTER TEIL

Igitangaza, das Wunderkind

Paris, ein Tag wie jeder andere   19
Die Ursprünge Ruandas   30
Jahre des Glücks   38
Familiendrama vor drohender Katastrophe   60
Die Ausweitung des Terrors   76
Neunzig Tage ohne Leben   91
Das Gesetz des Überlebens   114

ZWEITER TEIL

Die gedemütigte Jugendliche

Der Abgrund   131
Der Preis der Würde   147

DRITTER TEIL

Eine Frau geht ihren Weg

Die ausgelöschte Erinnerung	169
Der tägliche Rassismus	184
Die Zeugenaussage	199
Die Hoffnung auf ein Morgen	208

Epilog 227

Anhang

Bibliografie	237
Filmografie	237
Danksagung	238

Vorwort

DIESES BUCH IST eine Hymne an die Freude. Dabei muss Annick das Schlimmste vom Schlimmsten durchstehen, eine Erfahrung, die nie vergeht, eine ständige Erinnerung, unmöglich zu vergessen – die an den Genozid. Leser, seid achtsam mit dem Wort »Genozid«. Eine oft fälschlich gebrauchte Vokabel. Die Tatsache bleibt: Ein seltener Wirbelsturm, an dem die Natur nicht schuld ist. Eine menschliche Katastrophe, zu menschlich, wenn Bewaffnete auf Befehl andere Unbewaffnete ermorden, deren einziges Verschulden es ist, geboren zu sein – als Armenier in der Türkei, als Jude oder Zigeuner in Europa, als Tutsi in Ruanda. Im 20. Jahrhundert, dem grausamsten aller Jahrhunderte, gab es drei. »Der Völkermord geht bis zum bitteren Ende«, sagt eine von Jean Hatzfeld befragte ruandische Bäuerin. Die Nazis sprachen von »Endlösung«. Das heißt: ein Ende machen. Alle, Armenier, Juden, Zigeuner, Tutsi, müssen von der Weltkugel ausradiert werden. Alle, Frauen, Kinder, Embryos, Männer. Ein Genozid ist eine Entscheidung, ein Plan. So etwas geschieht nicht aus heiterem Himmel. Ostern 1994: Die Hutu-

Regierung lässt ihre Armee, ihre Milizen, ihre Anhänger – und Gott weiß, dass sie zahlreich sind – auf die Tutsi-Minderheit los und brüllt: »Tötet sie alle!« In Ruanda, in Äquatorialafrika, erlebt ein vierzehnjähriges Mädchen den Völkermord.

Annick, das hübsche Tutsi-Mädchen, die »Gazelle« ihres Viertels, wird zu einer nichtswürdigen »Kakerlake« degradiert. Sie hält durch, hilft ihrer Schwester, verliert ihre gesamte Familie, ihr Zuhause, ihr Dorf, ihr Land, Freunde und Bekannte. Der Rekord der Mörder: Zehntausend ermordete Tutsi pro Tag innerhalb von drei Monaten, insgesamt eine Million Tote, vielleicht auch mehr. Wie durch ein Wunder geht Annick durch diese Hölle, trotzt der Unmenschlichkeit und nimmt den Schmerz auf sich. Sie erzählt uns das Entsetzliche ohne Pathos, ohne Selbstmitleid und sagt uns, wie sie die absolute Grausamkeit und Gemeinheit der Menschen und schließlich den allgemeinen Egoismus in unserem schönen Europa überlebt. Sie berichtet von dem Abenteuer eines offenbar ganz einfachen Mädchens, das sich nicht nur gegenüber seinen Henkern behauptet, sondern auch davonkommt.

Zu Beginn eine ganz normale Existenz. Nichts Exotisches, nichts typisch Afrikanisches im Leben des »verwöhnten kleinen Mädchens«: *Kayitesi* sagt man auf Kinyarwanda. Diesen Namen haben ihr ihre Eltern bei der Geburt gegeben, und sie trägt ihn bis heute. Am Anfang ist alles gut. Das Haus der Familie ist geräumig und komfortabel: fließend Wasser, Strom, Badezimmer, Küche, Bibliothek. Personal. Der Vater Arzt, die Mutter Krankenschwester, vier Kinder. Aline, die Älteste, ist ein braves Mädchen, Annick, die Jüngere, ein »Frechdachs«, Nana, die Kleine, wird von allen geliebt, und gerade ist Aimé, das Nesthäkchen, geboren. Sie sind katholisch getauft und gehen sonntags zur Messe. Jeden Tag radelt Annick zur Schule. Eine glückliche Kindheit. Ländliche Ruhe mit all ihren Nachteilen, Höhen und Tiefen. Das Unglück klopft schon vor dem Massensterben an die Tür. »Das Leben ist nie so gut oder schlecht, wie man glaubt.«

Wie die meisten Tutsi hat die kleine Familie die große Katastrophe nicht kommen sehen. Eines Tages im April, mitten in der Karwoche, wird Spéciose, die Mutter, vor den Augen der Kinder von einem Bajonett durchbohrt. Todeskampf ohne Klagen, die letzten Worte sind an ihre Zweitälteste gerichtet: »Du musst leben ...« Bruder, Schwester und Cousinen werden gewaltsam zu den Massengräbern geschafft, wo sie mit der Machete zerstückelt werden. Annick bleibt allein mit Hunderten von Mördern. Steht ihr das gleiche Schicksal wie so vielen anderen – Vergewaltigung, dann der Tod – bevor? Sie fordert die Soldaten heraus: »Seit wann tötet ihr Hutu?« Ihre geringe Körpergröße spricht für sie (die Tutsi sind als großwüchsig bekannt), und sie erfindet schnell einen biologischen Vater, der zur »richtigen Rasse« gehört. Verwirrung bei den Mördern. Um ihren Tod wird man sich später kümmern. Ihr Mut und ihre Schlagfertigkeit haben sie gerettet.

Zahlreiche hervorragende Bücher zeichnen ein Gesamtbild des ungeheuren Gemetzels, das trotz der weltweiten Fernsehübertragungen auf Gleichgültigkeit stieß. Annick erwähnt sie. Doch ihr Bericht ist durch und durch subjektiv und enthüllt das Unvorstellbare aus der Perspektive einer Jugendlichen. Er erinnert an das autobiografische Zeugnis *Die Nacht* von Elie Wiesel, der im gleichen Alter in die Todeslager kam.

Dieselbe unbefangene Offenheit wie der Junge in Hans Christian Andersens Märchen, der erkannt hat und ausruft, dass der Kaiser nackt ist, während alle Höflinge und Schaulustigen die prächtigen neuen Kleider des Monarchen preisen. Diese Furchtlosigkeit, diesen Scharfsinn, diesen klaren, offenen Blick eines Kindes, dem man nichts vormachen kann, hat Annick auch behalten, als sie die Massengräber unter freiem Himmel besuchte. Ein afrikanisches Mädchen antwortet auf die Frage, die in Europa zwei, drei Generationen quält: Wie kann man nach Auschwitz noch leben, schreiben, lieben? Und auch sie stellt fest, dass das Grauen des Völkermordes die Menschheit teilt. Es gibt die, die mit der Machete töten, und die, die getötet werden. Henker und Opfer können sich nicht vermischen. Beide waren seit einem Jahrhundert in Ruanda, beide waren gute Christen, beide wurden Seite an Seite erzogen und lernten Lesen und Schreiben ... Plötzlich zerbricht diese schöne Gemeinschaft: hier die Mörder und dort die Ermordeten, oft bestimmen Lehrer und Priester, wer von ihren Schülern und Schäfchen in den Tod geschickt wird.

Was bleibt nach einem solchen Erlebnis von der Idee

der Menschlichkeit? Das Mädchen stößt auf ein ähnliches Paradoxon, das nach dem Zweiten Weltkrieg verbreitet wurde: »Wie die Pyramiden oder die Akropolis ist Auschwitz ein Faktum, ein Signum des Menschen. Die Vorstellung vom Menschen ist von nun an untrennbar mit einer Gaskammer verbunden« (Georges Bataille).

Die Geschichte gerät ins Straucheln. Das Bild des Menschen wurde in den Schlachthäusern von Ruanda erneut zerstört.

Kein Zweifel, dieses Mädchen ist ungewöhnlich! Sie lässt sich nicht unterkriegen. Statt zu kapitulieren, erfindet sie für sich eine Lebensregel, die dem durchlebten Grauen entspricht. Sie versucht nicht, wie ihr so viele mitleidige Seelen raten, einen Schlussstrich zu ziehen. Sie will nicht durchzappen. Den Hass, den sie in seiner kompromisslosesten Form erlebt hat, erkennt sie auch bei uns in Europa. Er lauert überall, verschleiert und doch jederzeit bereit, seine Klauen auszustrecken, um Gewalt anzuwenden und zu erniedrigen. Sie findet für sich eine Lösung, die der des Poeten Paul Celan sehr ähnlich ist: Es geht nicht darum, »nach« dem Genozid, sondern »im grellen Licht« des Genozids zu denken. Und eine radikale Veränderung in der Beziehung zu sich selbst und zu den anderen zu bewirken. Wenn wir nicht über den Horizont des 21. Jahrhunderts hinausblicken, wird sich die Menschheit durch die Macht des Hasses und durch menschliche Bomben in Stücke reißen – dafür sind Ruanda und der 11. September ein Beweis. Diese neue Erkenntnis deprimiert das Mädchen keineswegs, son-

dern bringt einen enormen Lebenshunger und eine große Freude mit sich, das Hier und Jetzt durchzuhalten.

Entdecken Sie in dieser klugen Abhandlung die Kunst zu
leben. Ihre schlimmsten und ihre besten Seiten enthül-
len unsere Zeitgenossen stets am Rande des Abgrunds.
Konfrontiert mit Extremsituationen ist ihr Bericht ur-
sprünglicher und wahrhaftiger als im normalen Leben,
aber nicht anders. Annick verkörpert in aller Unschuld
die Ethik zukünftiger Zeiten. Für sie, die die in der
menschlichen Seele schlummernden tödlichen Triebe
erlebt hat, ist das Leben nicht eine selbstverständliche
Gabe, die durch die natürliche oder göttliche Vorsehung
garantiert wird. Das Leben ist vielmehr der Einsatz eines
ewig währenden Gefechts.

Das Buch ist eine Hymne an die Freude. Nicht an
die Lebensfreude – das zu glauben wäre naiv. Es ist eine
Hymne an die Freude zu überleben, die in einem heftigen Kampf errungen wurde und bei jedem Sieg über
das Desaster erneut erwacht.

Eines Tages trifft der kleine Prinz Annick Kayitesi:
»Zeichne mir einen Genozid«, bittet er sie. »Mein Pla-
net ist zu klein, wir haben keinen erlebt.« Nachdem sie
lange überlegt und an ihrem Bleistift gekaut hat, zeich-
net sie eine wunderschöne Blume, die bei uns noch
unbekannt ist.

André Glucksmann

ERSTER TEIL

Igitangaza, das Wunderkind

Paris, ein Tag wie jeder andere

JEDEN MORGEN, bevor ich das Haus verlasse, werfe ich einen prüfenden Blick in den Spiegel und vergewissere mich, dass mein Aussehen nichts zu wünschen übrig lässt. Mein Spiegelbild inspiziert mich aufmerksam. Das glatte Haar im Nacken zusammengebunden, der Blick sanft, aber lebhaft, die Haut straff über den hervorstehenden Backenknochen – alles an mir zeugt von bester Gesundheit, körperlich wie auch seelisch. Man sagt mir Stil und Intelligenz nach. Lieber wäre es mir, ich würde durch Ausgeglichenheit und heitere Gelassenheit auffallen, wie Menschen sie ausstrahlen, die keine noch so harte Prüfung im Leben fürchten. Denn ich habe viel hergegeben und bin daran gewöhnt ...

Wie jeden Tag, wenn ich mich anschicke, die Wohnung zu verlassen, haucht David einen Kuss auf meinen Nacken. David ist mein Verlobter. Wir lieben uns sehr. Wir ergänzen uns. Und wenn ich heute endlich das Glück kennen lerne, so habe ich es zum Teil ihm zu verdanken.

Der Spiegel wirft jetzt unser gemeinsames Bild zurück. Ich, die Afrikanerin mit der dunklen Hautfarbe, gebürtig aus Ruanda, und er, der Athlet mit dem goldblonden Haar und den Augen einer Perserkatze. David ist weiß, seine Muttersprache ist hebräisch, er ist ein Jahr jünger als ich und bereitet sich gerade auf sein Diplom in internationalem Recht vor.

Ich muss mich beeilen. Schnell raffe ich meine Sachen zusammen, öffne die Wohnungstür.

»Annick?«

»Ja?«

Ich drehe mich um. Er lächelt mir zu.

»Einen schönen Tag wünsche ich dir.«

»Glaubst du, ich habe noch Zeit?«

Lachend werfe ich mich in seine Arme. Ein letzter Kuss und ich bin schon im Treppenhaus. Auf der Straße lasse ich mich einen Moment von der Frühlingssonne wärmen, die an diesem Tag Anfang März 2004 über den Winter zu triumphieren scheint. Das Licht hat das Grau besiegt, ein azurblauer Himmel bringt mich meinem Land immer ein wenig näher.

Was bedeutet schon die Vergangenheit, die Zukunft: Ich fühle mich schön. Das soll immer so sein, wenn man verliebt ist, habe ich gehört. Und dass David und ich schrecklich verliebt sind, daran besteht kein Zweifel.

Und wie jeden Morgen tauche ich in die Tiefen der Pariser Metro, in die Eingeweide der Hydra mit den vielen Tentakeln, in denen dicke metallene Würmer mit einer kosmopolitischen, bunt gemischten Bevölkerung zirkulieren.

Ich ergattere einen Sitzplatz. Ringsumher schieben, stoßen, drängen sich die Menschen dicht zusammengepfercht in den Wagons. Kein Duft von Blumen oder Pflanzen in diesem unterirdischen Labyrinth. Nur der Geruch nach Schweiß, Staub, Stress und sogar nach Angst. Kaum Farben. Die Menge zieht es vor, sich dunkel zu kleiden. Das Motorengeräusch begleitet die verschlafene Stille der Fahrgäste. Jeder grübelt vor sich hin. Das ist Frankreich, das ist Paris, eine europäische Metropole wie viele andere, morgens, wenn die Bevölkerung ihren Arbeitsweg antritt.

Ich habe heute einen Termin in einem Gymnasium. Seit mehreren Jahren nehme ich an Versammlungen und Konferenzen teil. Dort erzähle ich, was ich im Frühjahr 1994 während des Genozids an den Tutsi – der Ethnie, der ich angehöre – erlebt habe. Ich fasse in Worte, welcher Sturm des Wahnsinns mein Land, Ruanda, ins Chaos und meine Familie – meine Schwester und mich – ins Unglück gestürzt hat.

Wie jedes Mal vor einer solchen Veranstaltung verbiete ich mir nachzudenken. Ich weigere mich, meinen Alltag von Situationen und Ereignissen vergiften zu lassen, die ich nicht zu kontrollieren vermag. Wenn ich Zeugnis ablege, dann nicht, um die Rolle des Opfers zu spielen, sondern um die Mauern der Gleichgültigkeit und des Schweigens, die um diesen Genozid errichtet wurden, niederzureißen.

Aus Liebe und Respekt zu denen, die nicht mehr da sind, bin ich es mir schuldig, besonders intensiv, ja doppelt zu leben. Für mich selbst natürlich, aber vor allen Dingen für sie. Ich will mich nicht vom Leid durchdringen lassen. Das Leben muss immer die Oberhand haben. Deshalb agiere, atme, studiere, liebe ich. Mangelnde Sensibilität lasse ich mir nicht vorwerfen. Dies ist seit langem, seit mehr als zehn Jahren, eine Frage des Überlebens.

Um mich nicht von schmerzhaften Erinnerungen überwältigen zu lassen, sehe ich mich im Abteil um. Meine Augen heften sich auf eine Zeitschrift, die die Frau neben mir liest. Es ist eine gerade in der *Elle* erschienene Reportage über den Kongo, das ehemalige Zaire, mit dem Titel »Kriegswaffe Vergewaltigung«.

Diesen Artikel kenne ich bereits. Er prangert das Drama vieler Frauen an, die Opfer von sexueller Gewalt durch die *Interahamwe* wurden – jene extremistischen Hutu, die am Genozid in Ruanda beteiligt waren. Mit französischer Unterstützung entkamen sie der vorrückenden FPR, der *Front Patriotique Rwandais*, und den Tutsi, die inzwischen wieder an der Macht waren. Im Fall ihrer Rückkehr würden sie nicht wirklich verurteilt – die jetzige Tutsi-Regierung hat gar nicht die Mittel dazu.

Doch sie würden Racheakte riskieren und müssten damit rechnen, für ihre Verbrechen zur Verantwortung gezogen zu werden. Deshalb bleiben sie, wo sie sind. Sie leben weiter wie Söldner und verbreiten Panik und Trostlosigkeit ringsumher.

Die Geschichte verfolgt mich wirklich ...

Dann geschieht etwas, was bei der mangelnden

Kommunikation jener Zivilisationen, die sich für fortschrittlich halten, Seltenheitswert hat: Ein anderer Fahrgast spricht die Frau mit dem Magazin an.

»Schwierig, diese Bruderkriege«, sagt er. »Es wird erwartet, dass man Mitleid mit ihnen hat. Sollen sie doch sehen, wie sie untereinander zurechtkommen.«

Ich könnte schreien. Gott sei Dank ist meine Nachbarin schlagfertig.

»Mit dieser Einstellung hätte der Zweite Weltkrieg in all seiner Barbarei noch länger angedauert. Zum Glück gab es Menschen, die den Mut hatten, Widerstand zu leisten. Zum Glück haben sich verschiedene Nationen zusammengefunden, um gegen den Faschismus zu kämpfen. Ohne sie würden wir beide hier nicht diskutieren.«

Missmutig wendet sich der Mann ab und entfernt sich ein Stück. Die intelligente Dame sieht mich an, mit echtem Mitgefühl und ohne sich zu verstellen. Dann vertieft sie sich wieder in ihre Lektüre. Ich würde gerne mit ihr sprechen, ihr sagen: »Hallo, ich heiße Annick. Ich bin fünfundzwanzig Jahre alt. Ich studiere an der Sorbonne, habe schon einige Diplome erworben und schreibe gerade an meiner Examensarbeit in Politischen Wissenschaften, Spezialgebiet Afrika. Ich lebe seit zehn Jahren in Frankreich. Ich bin kurz nach den Massakern an meinem Volk mit meiner Schwester hierher gekommen ...«

Stattdessen begnüge ich mich damit, mich hinter meinem Buch zu verschanzen.

Später, nach Ende der Veranstaltung, trinke ich einen Kaffee mit Max, einem ehemaligen Arzt jüdischer Herkunft, der die Shoah überlebt hat. Ich bin noch immer wütend über die Bemerkung eines meiner Landsleute in der Diskussion.

»›Man spricht nie vom Genozid an den Hutu‹, hat er gesagt.

Ich antwortete: ›Vielleicht weil er nicht existiert! Genozid ist nicht nur ein Wort. Waren es etwa die Tutsi, die mit ungeschärften Macheten Menschen in Stücke zerhackt haben? Ich erzähle nur, was ich gesehen habe.‹«

Und nun, da ich meinem alten Freund gegenübersitze, füge ich bekräftigend hinzu: »Heute spricht man von den Menschenrechten der Täter des Genozids, der Mörder. ›Seien Sie tolerant‹, sagt man uns. Trotzdem gibt es Grenzen! Man steckt diese Kerle ins Gefängnis, man lässt sie wieder frei, und sie bringen die letzten Zeugen ihrer Gräueltaten um.«

»So viele Fragen ohne Antwort, so viel Traurigkeit«, murmelt Max. »Du solltest das Kapitel abschließen, Annick.«

»Aber man muss Zeugnis ablegen. Um den Menschen zu zeigen, dass sich diese Art von Tragödie überall abspielen kann. Max, Sie haben Auschwitz überlebt, und ich die Massaker von Ruanda. Wir erzählen doch dasselbe. In Afrika waren wir zwar nicht jahrelang in Lagern, es ging alles viel schneller, unter freiem Himmel, doch die Politik der Vernichtung ist die gleiche. Und ich bin überzeugt, dass niemand, ganz egal wo, sicher ist vor solch mörderischem Wahnsinn.«

Max schweigt. Er wartet geduldig, dass ich mich beruhige. Wir sind uns bei verschiedenen Anlässen begegnet. Das erste Mal in einem Gymnasium. Damals spielte er auch die Rolle des Zeitzeugen. Es ist uns zur Gewohnheit geworden, das Gespräch unter vier Augen fortzusetzen.

Nachdem er dem Todeslager entkommen war, hat er ein Jahr als Bettler in Paris gelebt, hat viel getrunken und sich dann wieder gefangen. Er hat das Versprechen, das er sich im Lager gegeben hatte, eingehalten und Medizin studiert, geheiratet, Kinder und später Enkelkinder bekommen. Erst spät wagt er, von seiner Deportation zu berichten. Er bedauert es, so lange außer Stande gewesen zu sein über seine Vergangenheit zu sprechen. Jetzt aber haben ihn seine Erinnerungen eingeholt. Heute sagen ihm seine Kinder, dass ihre Familiengeschichte auf dem Bahnsteig von Auschwitz begonnen hat.

»Manch einer hat das Lager in seinem Kopf nie wirklich verlassen. Primo Levi zum Beispiel hat sofort niedergeschrieben, was er durchlebt hat, und dann hat er sich umgebracht.«

Ja, wie kann man das Grauen überleben? Ich hingegen habe nicht vor, es eines Tages einfach zu vergessen. Es wird Teil meines Lebens sein, aber ich werde viele Glücksmomente hinzufügen müssen. Trauerarbeit bedeutet meiner Meinung nach, den Tod von Menschen zu akzeptieren. Sich vorzustellen, dass es ihnen dort gut geht, wo sie sind. Ich weiß es nicht.

Aline, meine Schwester, die für tot gehalten wurde

und liegen blieb, hat ihre Verletzungen überlebt. Meine Mutter habe ich vor meinen Augen sterben sehen. Aber was ist mit meinem kleinen Bruder Aimé, den die Milizen mitgenommen haben? Irrt er nicht irgendwo umher? Aline sagt, sie hätte ihn sterben sehen. Doch der Zweifel bleibt bestehen. Wer weiß, ob er nicht adoptiert, verschleppt, von Söldnern in einem Lager im Kongo als Kindersoldat eingesetzt wurde?

Es gibt keine Gewissheit. Gott kümmert sich um uns, ob wir tot sind oder lebend. Ich hoffe es. Ich glaube nicht mehr an viel, ich kann nicht beten. Ich ziehe es vor zu denken, dass eine höhere Macht uns führt. Was den Rest betrifft, muss jeder mit seinem Überleben fertig werden.

»Max, wie ist es möglich, glücklich zu sein?«

»Es genügt, keinen Hass zu empfinden.«

»Gut, keinen Hass. Aber deswegen muss man noch lange nicht verzeihen.«

Max hört mir geduldig zu. Er weiß, dass ich mein Wissen in den Dienst des Wiederaufbaus von Ruanda stecken möchte. Und er weiß um mein Streben, meinen Hunger, nützlich sein zu wollen. Unermüdlich wiederholt er: »Annick, es ist gut, was du tust. Aber jetzt musst du dir dein Leben aufbauen. Denk an die Zukunft.«

Ich kann es und gleichzeitig kann ich es nicht. Wie soll ich den goldenen Mittelweg finden, die annehmbare Demarkationslinie? Ich kämpfe dafür, dass das Andenken an mein Volk nicht in Vergessenheit gerät. Wann wird der Welt bewusst, was es erleiden musste?

Was tun, damit die Menschheit aufwacht und entdeckt, dass vor ihren Toren das Grauen, der Terror, die Hölle herrschen? Man glaubt, Ruhe zu haben, den Lärm dieser Gräuel, die sich draußen abspielen, nicht mehr zu hören, indem man die Tür seines Hauses schließt. Doch da täuscht man sich. Diese Ruhe ist weder Frieden noch eine Garantie für Heiterkeit. Sie bringt nur Egoismus, Gewissensbisse und Schuldgefühle mit sich.

Niemand kann die Augen verschließen oder sich selbst beruhigen, dass ihn das alles nichts angeht. Ganz gleich ob in Bosnien, in Tschetschenien, in Ruanda, im Kongo oder in New York: Dort sind Menschen gestorben, weil andere ihren niederen Instinkten nachgegeben haben. Also ist auch der Rest der Menschheit involviert und bedroht. Was zählt die Hautfarbe, die politische Gesinnung, die religiöse Konfession – jeder hat eine Pflicht zu erfüllen, um die Spezies Mensch zu retten.

Und ich, wer bin ich, um derart heftige Kritik zu äußern? Ein Mädchen, dem man die Kindheit geraubt hat, oder ein Mensch, der sich betroffen fühlt von dem, was ihn umgibt?

Diese Frage stelle ich mir erneut, als ich mich mit Raphaël, David (nicht mein Verlobter, sondern ein anderer Freund) und Pierre treffe. Die drei jungen Cineasten haben das gleiche Alter wie ich. Sie sind dabei, den Dokumentarfilm zu schneiden, den sie 2003 in meinem Land gedreht haben.

Ich übersetze die aufgezeichneten Zeugenaussagen

aus Kinyarwanda, der Sprache meines Landes. Wir sehen uns immer wieder die Aufnahmen an, um eine Auswahl zu treffen. Machen Witze, um das Unannehmbare zu ertragen. Sehen die Bilder der Mörder an, die über Stunden, über Kilometer mit Macheten auf Männer, Frauen, Kinder einschlugen und hinter sich in Blut getränkte Leichen, verrenkte und zerstückelte Körper zurückließen.

Dahinter tausend Hügel, eine üppige Vegetation: Auch das ist Ruanda. Am Horizont ein klarer, blauer Himmel. Mir scheint, als atme ich kurz die Luft meiner Kindheit ein. Sehr schnell aber wird sie vom Geruch des Todes davongetragen. In den Sümpfen, den Flüssen, den Gräben Tausende von Tutsi.

Seit April 1994 ehren die Überlebenden am Jahrestag das Andenken an ihre Toten. Die Ruander versammeln sich an verschiedenen Gedenkstätten – oft in den Gebäuden, in denen die Massaker stattgefunden haben – und halten Zeremonien ab. Es sind meistens allein zurückgebliebene Frauen, die zum Singen und Weinen kommen. Erhellt von den Flammen eines Lagerfeuers stimmen Mütter, Witwen und Waisenkinder ihre Litaneien und Klagelieder an. Die mit rauer Stimme vorgetragenen Psalmen durchbrechen die nächtliche Stille.

»Ich erinnere mich, ich erinnere mich, ich erinnere mich deiner – mein Mann, mein Sohn, mein Kind, mein Vater. Ich sehe noch, wie die Macheten auf dich niedergehen. Ich sehe das Gesicht dieser Monster, die dich jagen. Ich höre deine Seele um Gnade schreien …

ICH ERINNERE MICH!

Ibuka!«

Ihre Schreie verfolgen mich. Ich schließe die Augen. Auch ich muss sprechen, schreiben, mich erinnern. Und wäre es auch nur ein letztes Mal. Mit der Hoffnung auf einen neuen Tag. Der Hoffnung auf Befreiung und dass das Leben meines Volkes auf immer in unserem Bewusstsein verankert ist. Damit sie das Vergessen überleben. Die Kraft der Trägheit. Den Pakt der Gleichgültigkeit. Ein letztes Mal die Hölle der Tutsi durchleben. Ein letztes Mal mich erinnern. Ich erinnere mich.

IBUKA!

Die Ursprünge Ruandas

ES WAR EINMAL ... lange vor meiner Geburt, in grauer Vorzeit – eingerahmt von Burundi, Uganda, Tansania und dem ehemaligen Zaire – ein ostafrikanisches Königreich. Es war 26 400 Quadratkilometer groß und geformt aus kontinentalen Hochebenen mit subäquatorialem, durch die Höhe gemäßigtem Klima.

Die Bevölkerung jenes Landes, das sich Ruanda nannte, lebte von Viehzucht und dem Export von Kaffee, Baumwolle und Tabak.

Bis 1885, als die Europäer beschlossen, das Land zu erforschen, hatte kein Weißer ruandischen Boden je betreten. Selbst vom Sklavenhandel blieb Ruanda verschont.

Seit jeher lebten die Menschen paradiesisch in vollkommener Harmonie, die durch nichts und niemanden gestört wurde.

Einer Legende zufolge teilten sich die Ruander in drei ethnische Gruppen auf: die Twa, die *auf der Erde Gefundenen,* die dort schon immer gewohnt haben sollen, die Hutu, die ersten Emigranten, die aus dem Nordwesten gekommen waren, und die Tutsi, die *vom*

Himmel Gefallenen, die, so sagt man, in vorchristlicher Zeit aus Äthiopien eingewandert sind.

Im 10. Jahrhundert sollen diese Tutsi in die Region der großen Seen gelangt sein, wo sie nach zahlreichen Eroberungen eine Monarchie gründeten und die Stammesverbände vereinten. Es heißt, zu jener Zeit hätten alle das *Kinyarwanda,* eine sehr komplexe Sprache, angenommen und ein einziges Volk gebildet. Die Ruander waren für ihre Tapferkeit, ihre Vorliebe für Musik, Tanz und Poesie und ihren Glauben an *Imana*, den alleinigen und gütigen Gott, bekannt.

Eine sehr viel pragmatischere Erklärung liefert der ursprünglich von der Liga für Menschenrechte herausgegebene Bericht *Aucun témoin ne doit survivre (Kein Zeuge darf überleben)*: »Der Begriff Tutsi – der, der viel Vieh besitzt – beschrieb ursprünglich den Status eines Individuums, wurde aber schließlich auf die gesamte Elite angewandt. Hutu hingegen bezeichnete zunächst einen Untergeordneten oder den Kunden einer mächtigen Person und wurde dann zur Bezeichnung für die breite Masse einfacher Menschen verwandt. Der Begriff Tutsi-Hirten für Verwalter der Macht und Hutu für Untertanen begann sich allgemein durchzusetzen bis die Europäer nach Ruanda kamen.«

Demselben Bericht zufolge blieb die Minderheit der Twa, die etwa ein Prozent der Bevölkerung ausmachten, bei dieser Klassifizierung unbeachtet. Die Barriere, die sie von den Tutsi und Hutu abgrenzte, war ausgeprägter und starrer.

Nach Yolande Mukagasana, einer Überlebenden des Genozids und Verfasserin des Buches *N'aie pas peur de savoir*, würden rassistisch gesonnene Historiker darauf beharren, dass »das ruandische Volk aus zwei völlig konträren Gruppen bestehe: einerseits die Hutu – Bantus, die innerhalb der letzten zwei Jahrtausende vom Golf von Guinea eingewandert sein sollen –, andererseits die Tutsi abessinischen oder tibetischen Ursprungs, die später ins Land kamen«.

Alle Hypothesen sind erlaubt. In Amerika haben die Indianer zum Beispiel eine sehr kluge Erklärung für die Schöpfung der Welt. Gott soll mehrere Versuche unternommen haben, bis es ihm gelang, den perfekten Menschen zu erschaffen. Nachdem er ihn nach seiner Vorstellung aus Erde geformt hatte, habe er ihn im Ofen gebrannt, um ihm mehr Farbe zu geben. Das erste Experiment sei nicht geglückt: ein zu helles Gesicht. Und auch das zweite nicht: ein zu dunkles Gesicht. Der dritte und letzte Versuch schließlich war genau richtig und stellte ihn zufrieden. So behaupten die Indianer, der Schöpfer habe sich für ihre Hautfarbe entschieden ...

Doch können wir nicht einfach beschließen, da diese kleinen Versuchskaninchen von derselben Erde stammen, dass wir trotz der vielen Unterschiede alle Menschen sind? Eine komplexe Frage! Wenden wir uns lieber wieder Ruanda zu.

Ende des 19. Jahrhunderts erlebt Ruanda unter der Herrschaft des Tutsi-Königs Rwabugiri eine Zeit unvergleichlichen Wohlstandes. Doch dann werden die Auswirkungen der von den Deutschen eingeführten selektiven Rassentheorie spürbar.

Ruanda ist zu dieser Zeit noch immer ein Land der Krieger – gut strukturiert, traditionsbewusst und dem einzigen Gott *Imana* verbunden. Die meisten Einwohner sind groß, schlank und von stolzer Haltung. Um zum König, Nachfahre einer großen Tutsi-Familie der Nyiginya-Dynastie, vorgelassen zu werden, muss man sich »gebührend ausweisen« und ein striktes Protokoll einhalten.

Als die Kolonisten bei ihm vorstellig werden, zeigt sich Seine Majestät nicht sehr kooperativ. Doch die Neuankömmlinge kümmern sich nicht weiter darum, sondern infiltrieren das bereits bestehende soziale Gefüge mit dem erklärten Ziel, die Menschen zum Christentum zu bekehren.

Auch wenn der König selbst den Glaubenswechsel ablehnt, fügen sich viele seiner Untertanen. Die Deutschen richten Schulen ein und bevorzugen die Tutsi aus aristokratischen Familien. Etwas später, nach dem Ersten Weltkrieg, überlassen sie Deutsch-Ostafrika mit den Ländern Tansania, Burundi und Ruanda den Belgiern, die die gleiche Kolonialpolitik fortsetzen.

Wie der Geograph und Hochschullehrer Dominique Franche in seinem Werk *Rwanda, Généalogie d'un génocide* belegt, nehmen die Belgier sogar Blutgruppenuntersuchungen vor, um die »genetische Überlegenheit« der Tutsi und ihre Herrschaftsfähigkeit zu beweisen. Sie übernehmen sogar Aufgaben in der Kolonialverwaltung.

Doch dann wendet sich das Blatt ...

»Die Belgier beginnen, die Tutsi für ein ›arrogantes‹ Volk zu halten. Ihr Streben nach nationaler Unabhängigkeit und einem konfessionslosen Schulsystem behagt den Kolonialherren gar nicht. So entdecken sie plötzlich das ›kleine Volk‹ der Hutu, das von den ›feudalistischen‹ Tutsi unterdrückt wird. Ab sofort unterstützen die Belgier mit Hilfe der katholischen Kirche den Kampf der Hutu-›Mehrheit‹.« Zu diesem Zweck führen sie eine »Identitätskarte« ein, auf der die ethnische Abstammung – Hutu, Tutsi oder Twa – vermerkt ist, und begünstigen so die Rassentrennung.

Das bedeutet mit anderen Worten, dass die Europäer 1931 – zehn Jahre bevor sich die Juden in Deutschland mit dem Davidstern als solche zu erkennen geben müssen – in Ruanda den Hinweis auf die ethnische Abstammung im Ausweis zur Pflicht machen. Damit schaffen sie das Bewusstsein der Andersartigkeit, fördern dieses und schaffen den Nährboden für Konflikte.

Wie Yolande Mukagasana sagt: »Spannungen zwischen den beiden Gemeinschaften [Hutu und Tutsi] setzen ein und werden von den Kolonialherren und Politikern für ihre persönlichen Ziele ausgenutzt.« Ein klassisches Szenario! Zum Teufel mit der Toleranz. »Spalten, um besser beherrschen zu können ...«

Es wird oft behauptet, die Afrikaner hätten die Sklaverei eingeführt. Doch diese Theorie ist eine Interpretation des Westens. Die Afrikaner haben von Natur aus andere Werte. Psychologische, sprachliche und kulturelle Begleiterscheinungen kamen erst mit der Kolonialisierung.

Wie auch immer, nach diesen neuen Vorschriften muss jedes Neugeborene als Hutu, Tutsi (oder Twa) registriert werden. Allein die Abstammung des Vaters zählt. Das ist üblich bis etwa 1959, als der letzte große Tutsi-König Mutara III. Rudahigwa, der die Unabhängigkeit für Ruanda forderte, stirbt. Zu diesem Zeitpunkt zetteln die Belgier eine gut geplante Sozial- und Landwirtschaftsrevolution an. Gemeinsam mit den Hutu töten sie eine große Anzahl Tutsi oder vertreiben sie von Grund und Boden. Um den Verfolgungen zu entgehen, fliehen viele Tutsi in die Nachbarstaaten Uganda, Burundi und Zaire.

1962 erlangt Ruanda die Unabhängigkeit. Die Belgier bringen die Hutu an die Macht, weil diese leichter zu beeinflussen sind. Sie wollen den benachbarten Kongo, reich an Bodenschätzen und Diamanten, nicht verlieren. Da Ruanda über keinerlei naturgegebenen Reichtum verfügt – Sonne und Lebensfreude ausgenommen – dient ihnen das Land dabei nur als Basis, um ihren Einfluss in der Region aufrechtzuerhalten. Für die Belgier ist Ruanda ein Mittel, ihr Reich nicht zu verlieren oder zumindest die im großen Stil angelegte Kolonialverwaltung nicht zu schwächen.

Unter den Hutu haben sie den Extremisten Grégoire Kayibanda zum ersten Präsidenten von Ruanda ausersehen. Dieser ordnet unter dem Vorwand, die Tutsi seien stets Anlass für politische Probleme, zahlreiche Massaker an.

1973 verdrängt der Armeechef Juvénal Habyarimana

seinen Freund Kayibanda und lässt ihn in einem Gefängnis hungern und zu Tode foltern, um dann eine auf Personenkult basierende Diktatur zu errichten.

Die Zeit vergeht ... Roméo Dallaire, kanadischer Kommandeur der UN-Friedenstruppe 1994 in Ruanda, erzählt in seinem eindrucksvollen Buch *J'ai serré la main du diable (Handschlag mit dem Teufel)*, was sich Ende der Achtzigerjahre anbahnt: »Langsam wurde die Tutsi-Diaspora eine Kraft, die man nicht außer Acht lassen konnte. Genährt durch die ständige Unterdrückung in Ruanda und die harte Behandlung in den Gastländern, die sie nur widerwillig aufnahmen, formierte sich die Minderheit zu einer schlagkräftigen militärischen und politischen Bewegung: die *Front Patriotique Rwandais*, kurz FPR. [...] Ab 1991 befand sich die ruandische Regierung in der Zwickmühle zwischen der Rebellenarmee der *Inkotanyi**, deren Macht ständig wuchs, und den demokratischen Reformen, die ihr durch internationalen Druck auferlegt worden waren.«

Verfolgt man die Beziehung zwischen Frankreich und Ruanda, die Yolande Mukagasana in ihrem Buch darlegt, wird man sich der Rolle von Jean-Christophe Mitterrand, Sohn des französischen Präsidenten, bewusst. Er unterhält seit 1983 eine sehr enge Beziehung zu Jean-Pierre Habyarimana, ebenfalls Präsidentensohn

---

* Diesen Namen gaben sich die Soldaten der FPR in Anlehnung an eine ruandische Armee des 19. Jahrhunderts.

und sein Alter Ego, und beeinflusst damit den Lauf der Geschichte zugunsten der Hutu. 1990 hält François Mitterrand in La Baule eine Rede, in der er die »Demokratisierung Afrikas und vor allem Ruandas« fordert. Doch am 5. Oktober desselben Jahres startet Frankreich eine Hilfsaktion für die Machthaber des Landes. »Daraus wird die Operation Noroît. Ziel ist es, die ruandische Armee zu unterstützen und die ruandischen Tutsi daran zu hindern, in ihre Heimat zurückzukehren. Das Land wird mit Waffen beliefert, und französische Soldaten bilden jene ruandischen Soldaten aus, die 1994 für den Genozid verantwortlich sein werden. Offiziell zieht sich Frankreich 1993 aus Ruanda zurück. Doch die Waffenlieferungen gehen weiter, und die französischen Soldaten bleiben in Zivil im Land.«

Die internationale Gemeinschaft, die über die sich anbahnende Repression informiert war, unternahm nichts dagegen. General Dallaire erklärt unmissverständlich, dass die UNO nicht eingegriffen hat und wie man ihn beeinflussen wollte. Alle waren sich also einig, der »Vorherrschaft« der Tutsi ein Ende zu setzen. Noch heute sprechen die Mörder von der »Arbeit«, die sie erledigen mussten. Denn mit diesem Begriff bezeichnete man den Befehl zur Ausführung des Genozids ...

Taten, die für immer in meinem Gedächtnis eingebrannt und umso schmerzlicher sind, als sie in die Harmonie einer verheißungsvollen Kindheit fielen ...

Jahre des Glücks

MEINE FAMILIE LEBTE IN RWAMAGANA, einer kleinen, entlegenen Gemeinde, fern von jeglicher Zivilisation im Südosten Ruandas. Fließend Wasser und Strom im Haus zu haben, war ein Zeichen von Reichtum. Damals hatten nur der Pfarrer, der Bürgermeister und der Arzt, eben mein Vater, Elektrizität.

Als ich geboren wurde, war meine Schwester Aline fast zwei Jahre alt. Nach mir kamen zwei weitere Kinder zur Welt: 1982 Apolline, genannt Nana, und 1989 Aimé. Wie leicht festzustellen ist, beginnen alle unsere Vornamen mit »A«, wahrscheinlich geschah dies in Anlehnung an Athanase, das Familienoberhaupt.

Meine Eltern, aus zwei weit voneinander entfernten Dörfern stammend, hatten sich 1974 in Butare, ebenfalls im Südosten Ruandas gelegen, kennen gelernt. Papa studierte am Priesterseminar Griechisch und Latein und wollte schon damals ein *Muganga*, wie man in unserer Sprache einen Arzt nennt, werden. Mama besuchte die Sozialschule, eine Einrichtung, in der man Mädchen zu Hausfrauen und nebenbei auch Arzthelferinnen ausbildete.

Bei gemeinsamen Veranstaltungen beider Schulen – Volleyballturniere oder Theateraufführungen – hatten die beiden jungen Leute sich ineinander verliebt. Sie heirateten am 28. August 1976 in Butare. Meine Mutter war zweiundzwanzig Jahre alt, mein Vater neunundzwanzig.

Am Abend ihres ersten Hochzeitstages brachte man meine Mutter im Krankenwagen in die Klinik, in der sie auch als Schwester arbeitete. Athanase und Spéciose waren sehr glücklich, am nächsten Morgen ihre Tochter Aline in den Armen zu halten.

Aus den Erzählungen vieler Eltern weiß ich, dass das erste Kind eine überwältigende Neuerung bedeutet. Man kann die weiteren Kinder gleichermaßen lieben und umsorgen, doch das Erstgeborene bewirkt immer eine tief greifende Veränderung, denn es macht für die Eltern das Wunder des Lebens greifbar.

In dieser Atmosphäre der Freude und Erfüllung wurde ich achtzehn Monate später gezeugt. Schnell bewies ich im Bauch meiner Mutter mein Ungestüm und strampelte derart, dass ich nach einer Schwangerschaft von nur sechseinhalb Monaten geboren wurde.

Als ich am 25. Mai 1979 mit weniger als einem Kilo Gewicht das Licht der Welt erblickte, bekam ich sogleich eine Sonderbehandlung und alarmierende Prognosen mit auf den Weg. Die Kollegen meines Vaters schätzten meine Lebenserwartung nach der Statistik auf wenige Stunden. Doch dabei hatten sie weder meine Starrköpfigkeit noch die meines Erzeugers berücksichtigt, denn es gelang ihm, in unserer abgelegenen

Gegend einen Brutkasten aufzutreiben, dem ich mein Überleben verdanke. Von Anfang an habe ich mich am Leben festgeklammert und gegen den Tod angekämpft. Mama nannte mich *Igitangaza*, das Wunderkind.

»Mein Engel«, sagte sie immer wieder zu mir, als die Zeiten härter wurden. »Du darfst jetzt nicht aufgeben, tu alles, um dich zu retten. Verlier nicht den Mut, nur so kannst du überleben ...«

In Anbetracht meines prekären Zustands blieb Mama lange Zeit zu Hause und arbeitete nicht, wohl um mir jene Entschlossenheit, jenen außergewöhnlichen Lebensinstinkt einzuhauchen. Ihre Liebe hat mich vor der Gefahr gerettet, als ich dem Tod so nahe war.

Eines Tages zogen wir in den Norden, nach Gisenyi am Kivu-See. Mama nahm wieder ihre Arbeit als Krankenschwester in einer Ambulanz auf. Hier setzt meine erste Erinnerung ein. Ich sehe mich noch, wie ich als kleines Mädchen auf allen vieren durch ein Loch im Zaun kroch, um unerlaubt über die Straße zu unseren Nachbarn zu gelangen.

Ich war einfach glücklich. Und weil ich keine anderen Sorgen hatte, benahm ich mich, noch ehe ich laufen konnte, wie ein Frechdachs.

Auf den Fotos, die mir geblieben sind, sehe ich Papa und Mama, die lachen, sich küssen, mit uns spielen oder uns baden. Wir hatten das Glück, Eltern zu haben, die sich über alles liebten und die einander diese Liebe zeigten und uns daran teilhaben ließen.

Es war wundervoll. Wir lebten neben einer Großfamilie, die mindestens zwölf Kinder hatte. Sie nannten mich Zouzou. Noch heute erzählen mir die, die überlebt haben, von dem kleinen Mädchen, das ich einmal gewesen war und das alles wiederholte, was seine große Schwester sagte.

Selbst nachdem wir aus Gisenyi weggezogen waren, kehrten wir regelmäßig in dieses Haus unter den riesigen Eukalyptusbäumen am See zurück. Bis Anfang der Neunzigerjahre feierten wir oft das Weihnachtsfest mit unseren damaligen Nachbarn. Wir hatten ein gemeinsames Lieblingslied auf einer Platte von Myriam Makeba ... Das sind die Erinnerungen, die mir an diese Momente bleiben.

1983 hatte Mama einen Unfall. Es war das erste Drama, das über unsere Familie hereinbrach. Ich war vier Jahre alt. Auf dem Rückweg von der Arbeit stürzte ihr Wagen in den Kivu-See. Der Fahrer war sofort tot. Mama lag im Koma und wurde in ein belgisches Krankenhaus gebracht, wo sie fast ein Jahr blieb.

Die Abwesenheit unserer Mutter machte es möglich, unseren Vater besser kennen zu lernen. Er arbeitete gewöhnlich viel, und wir sahen ihn vorher meist nur flüchtig. Es war die einzige Zeit, in der wir wirklich mit ihm zusammenlebten.

Wir wohnten jetzt in Ngoma, einem Viertel am Stadtrand von Butare, das Bekanntheit erlangte, da hier die erste Universität des Landes eingerichtet worden war. Von der Stadt aus führten zwei Wege nach Ngoma, entweder vor oder hinter der Militärbasis vorbei.

Wie alle bebauten Landparzellen in Ruanda lag Ngoma auf einem Hügel. Vom Tal bis zum Gipfel gab es sechs Wohnstufen. Der obere Teil, der wesentlich kleiner und kaum wohlhabend war, galt als reines Wohnviertel, weil es dort keine Geschäfte gab. In der untersten Partie lebten vor allem Menschen ohne Arbeit oder mit geringem Einkommen, das heißt die Armen. Viele von ihnen waren Verkäufer in bescheidenen Gemischtwarenläden. Auf dem Auslagentisch draußen waren kleine Häufchen von Kohle, Tomaten und Zwiebeln aufgeschichtet, im Laden gab es Taschenlampenbatterien, Dosenmilch, Tomatenmark, Bier und Fantaflaschen aus Glas ...

Auf der zweiten Stufe konnte man *Samoussa* kaufen, jenes Gebäck aus Blätterteig, das die Mutter einer Klassenkameradin backte und auf das wir Kinder ganz versessen waren.

In einem anderen Geschäft auf dem dritten Niveau war es möglich, Bonbons anschreiben zu lassen. Ich mochte am liebsten die *Tofs* mit Karamellgeschmack, die man in Europa Toffees nennt. Sie zergingen auf der Zunge. Die anderen Bonbons schmeckten ein wenig nach Chemie, aber bei den *Bazooka Bubble Gums*, einem Kaugummi, mit dem man riesige Blasen machen konnte, gab es für mich kein Halten mehr.

Und die Gerüche! Es wurde auf Holzkohle in Konservendosen gekocht, und der Duft köstlicher Gewürze lag in der Luft. Damit es auch noch für unangemeldete Besucher reichte, wurden Unmengen von Spießen mit in Kräutern und Zwiebeln mariniertem Ziegenfleisch gebraten. Zur Mittagszeit hatten die Kinder nur noch eins im Kopf: alles zu verschlingen, was man ihnen vorsetzte.

Ich wohnte am Anfang der fünften Stufe. Martin, unser Nachbar von gegenüber, besaß den einzigen Brotofen in der Umgebung, und seine kleinen warmen Brötchen waren unvergleichlich. Wenn sie um elf und um sechzehn Uhr aus dem Ofen gezogen wurden, standen die Menschen bereits Schlange. Dabei war dieser Mann nicht einmal Bäcker. Er arbeitete als Beamter in der Stadt und hatte Leute eingestellt, die seine Köstlichkeiten zubereiteten. Doch da sich in kleinen Orten, wo jeder jeden kennt, alles herumspricht, vergrößerte er schnell seine Produktion und seine »Stellvertreter« belieferten kleine Kioske und Lebensmittelgeschäfte.

Brot war für die Reichen. Die Ärmsten konnten sich so etwas nicht leisten. Wir konnten es schon, weil wir zum Hinterausgang unseres Nachbarn gingen und uns ohne »Zwischenhändler« versorgten.

Zu jener Zeit wurden die Häuser in Ruanda noch auf traditionelle Weise gebaut. Wollte man jemanden besuchen, so musste man zuerst zwischen dem Tor und dem Hauseingang in einem Vorgarten warten, der *Irembo* genannt wurde. Hielt ein Mann um die Hand eines Mädchens an, hieß es, dass er kam, um den *Irembo* zu nehmen. So wollte es der Brauch.

Hinter dem Haus lag der *Igikali*, der Hof, in dem sich der Alltag, das Privatleben der Menschen abspielte. In Europa gibt es so etwas nicht: Haben die Leute ein Haus, so leben sie drinnen. Wir aber machten in die-

sem Hof die Handwäsche, kochten auf einem Holz-
kohlefeuer und aßen auch dort. Natürlich gab es in
manchen Häusern, wie etwa dem unseren, eine kleine Küche, doch wegen des Rauchs und der schlechten
Belüftung wurden die Wände schnell schwarz, und so
gingen wir unseren häuslichen Aufgaben lieber draußen nach.

Als unsere Mutter 1983 ins Krankenhaus kam, war meine kleine Schwester Nana ein hübsches Baby von sechs
Monaten. Wir banden ihr Haar zu kleinen Schwänz-
chen zusammen. Wir kitzelten sie, und sie lachte viel.
Ihr Lachen wärmte uns das Herz und half uns, die Trennung besser zu ertragen.

Bald darauf kam ich in den Kindergarten, und dieses
erste Jahr war das einzige, in dem sich mein Vater um
mich kümmerte. Ich sehe uns noch die steile Straße
hinabgehen, die zur Schule führte: An seine beigefar-
bene Hose geklammert, vergoss ich heiße Tränen und
flehte ihn an, mich nicht allein zu lassen. Angesichts
meines Kummers war er so machtlos, dass er nachgab
und mich bis in die Gruppe begleitete! Es kam nicht in
Frage, dass er mich der Nonne überließ, die als Kinder-
gärtnerin fungierte und deren Brille mit dem spitzen
Rand mir solche Angst einjagte.

»Weißt du«, sagte er, um mich zur Vernunft zu bringen, »es ist ein großes Privileg, in den Kindergarten gehen zu dürfen. Das können nur wenige Kinder ...«

»Das ist mir egal! Bleibst du?«

»Aber natürlich.«

Schließlich verließ mein Vater den Raum, als ich einen Moment abgelenkt war. Am späten Nachmittag holte er mich ab, ohne den Vorfall mit einem Wort zu erwähnen.

Und so war ich bereit, allein in den Kindergarten zu gehen.

Vater nahm sich damals sehr viel Zeit für uns – in Ruanda, überhaupt in Afrika, ist das eine Seltenheit. Ich habe diese Tage in märchenhafter Erinnerung.

Während des langen Krankenhausaufenthalts seiner Frau war Athanase wie ausgewechselt. Vor dem Unfall und nach Mamas Rückkehr sahen wir ihn stets überarbeitet und abgespannt, doch in dieser schwierigen Periode war er allgegenwärtig und bemüht, so oft wie möglich bei uns zu sein. Ehe er morgens zur Arbeit ging, frühstückte er mit uns und setzte uns dann mit dem Wagen an Schule und Kindergarten ab. Abends holte er uns wieder ab. Hatte er andere Verpflichtungen, vertrat ihn Françoise, eine junge Frau, die etwa zehn Jahre als Haushaltshilfe bei uns arbeitete und für uns Kinder eine zweite Mutter war. Abends saß er mit einer Flasche Bier im *Igikali* und rauchte seine Zigaretten. Er sah uns zu und brachte uns neue Spiele bei. Er erfand alles Mögliche, nur damit wir Spaß hatten.

Eines Tages litt er unter einem vereiterten Zahn – das war die einzige Krankheit, die ich je bei ihm erlebt habe. Er lief mit einer geschwollenen Backe und dem

45

Blick eines weidwunden Tieres herum. Zwei Tage lang ging er nicht zur Arbeit und aß nur Avocadomus.

Papa und Françoise teilten sich also die Arbeit. Sie wurden von einem *Boyi* unterstützt, der das Essen kochte und sich um den Garten kümmerte. Und von der Dämmerung bis zum Morgengrauen war ein Nachtwächter da. Wir waren privilegiert ... Das zumindest glaubten wir damals und wir ahnten nicht, dass unsere Tutsi-Abstammung wie ein Damoklesschwert über uns schwebte.

Die wenige Schritte von unserem Haus entfernte Grundschule, die Aline und ich nun besuchten, bestand aus verschiedenen Gebäudekomplexen. Die Klassen der ersten drei Jahrgänge waren oben auf dem Hügel neben der Kirche untergebracht, die der drei letzten hingegen im Tal, unterhalb des Militärlagers.

In den »oberen Klassen« mussten die Schüler das Gebäude verlassen, um zu den öffentlichen Stehtoiletten zu gelangen, die stets verstopft, verdreckt und übel riechend waren. Meine Eltern haben mir immer verboten, sie zu benutzen. Ich musste mich zurückhalten bis ich zu Hause war und notfalls die Schule früher verlassen.

Einmal konnte ich mich nicht beherrschen, so stark war mein Bedürfnis, und ich ging trotzdem hin. Die Tür klemmte, als ich wieder hinaus wollte, und ich bekam Panik ... Mit aller Kraft warf ich mich dagegen, doch ich brachte sie nicht auf. Es gab zwar kein Schloss, aber dennoch ließ sich diese verdammte Tür nicht öffnen. Ich hörte, wie die Lehrerinnen das Ende der Pause verkündeten. In der Toilette eingesperrt, rief und schrie ich um Hilfe – vergebens ... Da ich mich schon an diesem furchtbaren Ort sterben sah, begann ich zu weinen.

Plötzlich sprang die Tür auf. Vor mir stand ein Verrückter. Wahrscheinlich hatte er sich einen Spaß daraus gemacht, mich einzusperren. Dazu muss ich erklären, dass die Geisteskranken in Ruanda weder interniert noch behandelt werden. Sie irren durch die Straßen und sammeln leere Konservendosen auf, die sie an ihren Kleidern befestigen, sodass man sie von weitem kommen hört. Da sie sich nie kämmen, sehen sie aus wie Rasta und sind wahre Schreckgespenster für kleine Mädchen. Dieser Irre versetzte so auch mich in Angst und Schrecken.

Er stand also vor mir und versperrte mir den Weg. Ich schrie noch lauter, versuchte ihn zur Seite zu stoßen oder an ihm vorbeizuschlüpfen, doch er rührte sich nicht vom Fleck. Ohne mich zu sehen oder zu hören, machte er sich seelenruhig daran zu pinkeln. Schließlich kam mir ein Passant zu Hilfe, der durch mein Gebrüll aufmerksam geworden war. Er klopfte dem Geisteskranken auf die Schulter und gab mir so die Gelegenheit zur Flucht ...

Jahrelang rannte ich jede Nacht, um diesem Wahnsinnigen zu entkommen, der mich in meinen Albträumen heimsuchte. Ich, die ich mich vor nichts fürchtete und nicht verstand, dass die anderen, vor allem Aline und Nana, Angst hatten, war jetzt im Zugzwang! Doch auch wenn die Lektion hart war, blieb ich weiter ein aufmüpfiges, wildes Mädchen.

EINES TAGES KAM MAMA ZURÜCK. Ihre drei Töchter erkannten sie nicht wieder. Sie war mit Verbänden umwickelt, hatte ein Glasauge und saß im Rollstuhl. Sie machte uns Angst. Ihre Heimkehr war ein großer Schock für uns. Wir waren ihr irgendwie böse, denn sie hatte uns zu sehr gefehlt. Kinder sind manchmal grausam. Die Zeit ohne sie war uns wie eine Ewigkeit erschienen, doch jetzt schlossen wir sie aus unserem Leben aus, sie gehörte nicht mehr zu uns. Es dauerte ein oder zwei Tage, bis wir uns wieder an sie gewöhnt hatten. Unsere ablehnende Haltung muss sie sehr gekränkt haben.

Als sie uns damals verließ, war Nana noch ein Säugling, jetzt konnte sie schon sitzen und laufen. Mama bedauerte, nicht an ihrer Entwicklung und an unseren ersten Schulerfahrungen teilgehabt zu haben. Papa überschüttete sie mehr denn je mit Liebesbeweisen. Das brauchte sie auch. Ihre Geduld wurde auf eine harte Probe gestellt. Es bestand kein Zweifel daran, dass es noch dauern würde, bis sie wieder ganz genesen war und arbeiten konnte.

Françoise war ihr wie immer eine große Hilfe. Unser Leben verlief langsam wieder in gewohnten Bahnen. Papa arbeitete erneut wie ein Wahnsinniger. Wochenlang sahen wir ihn fast nicht. Wir hörten ihn im Morgengrauen aufbrechen und spätabends zurückkehren.

Es war selbstverständlich, dass er nicht an den gemeinsamen Essen teilnahm. Nur am Sonntag aß er mit uns.

Wenn er nach Hause kam, öffnete er unsere Zimmertür und flüsterte: »Gute Nacht, meine Mädchen ...«

Morgens, wenn wir aufstanden, war er fast nie anwesend. Entweder war er früher gegangen oder er holte schlaflose Nächte nach, die er in der Klinik oder am Krankenbett eines Patienten verbracht hatte.

1985, ein Jahr nach ihrer Rückkehr, schenkte Mama uns Aimé, den wir so herbeigesehnt hatten. Dieses Ereignis stellte das Familiengleichgewicht wieder vollends her. Es ging Mama schon besser. Das war wunderbar.

Wir Mädchen hatten uns so sehr noch ein Geschwisterchen gewünscht. Nana wurde größer, und es war nicht mehr lustig – zumindest für mich, die ich mich nur für Babys interessierte! Dieser kleine Bruder war ein wahres Geschenk. Stolz und überglücklich verkündete Papa allen, Nachbarn und Kollegen, sein neues Vaterglück. Die Freunde gratulierten ihm. Man stelle sich vor, ein Junge! Er war selig.

Schon als kleines Mädchen war ich ganz vernarrt in Kinder. Sobald ein Baby auftauchte, fühlte ich mich mit meinen kaum sechs Jahren gleichsam zur Mithilfe berufen. Ich trug es nach dem Vorbild der Frauen in meinem Land auf dem Rücken herum, spazierte mit ihm durch die benachbarten Straßen, und wenn es schlief, nahm seine Mama es mir ab, um es hinzulegen.

Wenn in Afrika ein Baby geboren wird und nicht krank ist, kümmern sich alle darum. Wir sorgen uns nicht so sehr um Bakterien. Die Zärtlichkeit anderer kann nur gut sein. So war es für mich völlig normal, auch meinen kleinen Bruder herumzutragen. Sobald er schlief, brachte ich ihn nach Hause und ging zu den Nachbarn, um mir ihre Kinder anvertrauen zu lassen. Das war für mich das größte Glück.

Am Wochenende hatten wir keine Haushaltshilfe. Papa kochte für uns, wir spielten Puppenküche und amüsierten uns ...

Meine Mutter bekam selten Besuch von Freundinnen. Bisweilen ging sie zu ihnen oder sie schauten kurz vorbei, doch Mama war anders als sie, die sich meist untereinander trafen. Sie arbeitete im *Centre de Santé*, einer großen Ambulanz, wo sie Programme zur »Förderung von Frauen« erarbeitete. Dort wurden AIDS-Tests angeboten und die Familienplanung erklärt.

Was Papa angeht, so hatte er keine Zeit sich zu zerstreuen oder in Bars zu gehen. Selbst wenn er sehr spät von der Arbeit heimkam, riefen ihn die Kranken noch zu Hause an, sodass er oft mitten in der Nacht wieder aufbrechen musste.

Zusätzlich beschäftigte sich Vater mit Laborforschungen. Passioniert und findig wie er war, wollte er die traditionelle afrikanische Medizin fördern. Viele Leute, das wusste er, konnten sich keine modernen chemischen Medikamente leisten. Doch seit jeher heilten sich die Ruander mit Pflanzen, und Papa hatte vor, diese Tradition wiederzubeleben. Wenn wir auf Reisen waren, sammelte er unzählige Pflanzen und Blätter.

Meine Mutter nannte das »seine Sauerei«. Jedes Mal protestierte sie: »Du willst das Zeug doch wohl nicht ins Haus bringen? Das ist ja voller Erde und macht alles schmutzig!«

Er küsste sie und tat, was er wollte. Nichts, nicht einmal seine geliebte Ehefrau, hätte ihn daran hindern können, all die Pflanzenarten, die in Ruanda wuchsen, zu registrieren. Zudem bekam er dafür finanzielle Unterstützung. Ich fand es wunderbar, dass er sich für diese herkömmliche Therapieform einsetzte.

Wenn wir Angina hatten, verordnete er uns ekelhaft bittere Kräuter. Zur Behandlung musste man die Zunge herausstrecken und mit dem Wundermittel einreiben. Das war sehr wirkungsvoll: Am nächsten Tag waren wir wieder wohlauf. Doch es schmeckte einfach widerwärtig! Um diesem barbarischen Mittel zu entgehen, behauptete ich jedes Mal, wenn ich Halsschmerzen hatte, nicht krank zu sein. Und wenn ich nicht mehr sprechen konnte, sagte Papa: »Du hast ja eine Angina!«

Ich schüttelte nur den Kopf.

Sobald er mich abhörte, rief er empört: »Nein, das gibt's doch gar nicht!«

Dann behandelte er mich mit seinem Rezept, und ich fand schnell meine Stimme wieder und wurde gesund.

Unsere Eltern sprachen nie über ihre Jugend. Davon erfuhren wir in den Ferien bei meinen Großeltern mütterlicherseits, die gern von alten Zeiten plauderten und uns Fotos zeigten. Athanase hatte ein Stipendium für ein Studium in Belgien bekommen und seine junge Frau gebeten, ihn zu begleiten. Zusammen hatten sie für eine Aufnahme in der Nähe von Waterloo posiert. Ich habe es noch heute ...

Unsere Großeltern saßen in ihrem *Igikali* mit dem Rücken an das Mäuerchen gelehnt, das Hof und Haus vor Regenwasser und Schlamm schützte, und erzählten uns von früher. Niemand hatte es eilig, gegessen wurde draußen auf einer Matte. Und wir hörten ihnen zu ...

Großvater, ein außergewöhnlicher Mann, machte sich einen Spaß daraus, auszuplaudern, wie brav seine Tochter in unserem Alter gewesen sei. Mama regte sich darüber auf und protestierte: »Ach, hör auf, das ist doch schon so lange her!«

Wir hatten ganz liebe Großeltern. Ich neckte meinen Opa, der kleiner war als seine Frau, und spöttelte: »Du hättest dir eine Frau in deiner Größe suchen können!«

Aber sie liebten sich über alles. Sie hatten viele Kinder, vier davon waren Mädchen, unter anderem Lucie, die Mutter meiner Lieblingscousine Yvonne, Spéciose und Gloriose, die Jüngste.

Meine Mutter, die vermögender als ihre Eltern war, unterstützte diese finanziell. Lucie hatte so viele Kinder, dass sie sie zum Helfen zu ihnen schickte. Meine jüngste Tante war Lehrerin im Dorf und lebte bei ihren Eltern. Die drei kümmerten sich also gut um sie.

Wenn es hieß: »Wir fahren eine Woche in die Ferien«, begannen wir auf der Stelle einen wahren Umzug vorzubereiten. Oft verbrachten wir die schulfreie Zeit bei den Großeltern väterlicherseits. Meine Mutter geriet jedes Mal in Panik, denn in der Gegend gab es viele Schlangen. Und auch wenn mein Opa selbst die gefährlichsten Bisse zu heilen wusste, war die Gefahr nicht gebannt ...

Der Aufbruch war eher komisch. Wir nahmen sogar unsere Matratzen mit! Vater hatte ein kleines Häuschen neben dem seiner Eltern gebaut, doch Mutter wollte nicht in den Betten dieser feuchten Hütte schlafen. Einmal hatte unser Lieferwagen eine Panne. Papa fuhr mit dem Fahrrad los, um Hilfe zu holen und ließ uns am Auto zurück. Es fing an zu regnen. Die Matratzen wurden nass ... Papa kam sechs Stunden später unverrichteter Dinge zurück. Meine Mutter war außer sich.

Ein anderes Mal ließ uns Papa am Straßenrand sitzen, nachdem wir auf eine Schwangere gestoßen waren, der es schlecht ging. Zu jener Zeit transportierte man in Ruanda die werdenden Mütter auf einer Art Bahre, die die Männer auf den Schultern trugen. Sie hatten uns angehalten. Das war sozusagen höhere Gewalt, vor allem für einen *Muganga*. Also ließ Vater uns aussteigen. Mama war wütend, nicht, weil er die Frau ins Krankenhaus brachte, sondern weil er uns mit Sack und Pack aussteigen ließ.

Wenn wir schließlich bei den Großeltern ankamen, hatten wir vor, mindestens eine Woche zu bleiben.

Doch wir hatten unsere Rechnung ohne die Schlangen gemacht. Es gab so viele, dass wir nach drei Tagen wieder abreisten! Nachts musste man Acht geben, wohin man den Fuß setzte und große Feuer anzünden, um sie zu vertreiben. Wenn wir auf die Außentoilette gehen wollten, mussten wir so lange warten, bis alle das Bedürfnis hatten, und wir marschierten gemeinsam los. Der Gänsemarsch wurde angeführt von meinem Vater, der als Späher sicherstellen sollte, dass keine Gefahr drohte, denn oft versteckten sich die verdammten Viecher wie ein Rundteppich zusammengerollt am stillen Örtchen.

»Ihr braucht keine Angst zu haben«, sagte mein Großvater. »In der Familie ist noch niemand an einem Schlangenbiss gestorben«, fügte er hinzu. Doch diese Bemerkung, die uns beruhigen sollte, vergrößerte nur unser Unbehagen.

MAMAS UNFALL HATTE UNS zusammengeschweißt. Seit diesem Ereignis versuchte jeder, dem anderen etwas abzunehmen. Meine Schwester Aline verstand es besser als ich, sich ums Haus zu kümmern. Sie schrieb alles auf Listen, was eingekauft werden musste. Ich tat nicht viel, außer mich waschen, spielen und meinen kleinen Bruder beaufsichtigen. Er war mein Baby – und blieb es auch bis zum Schluss.

Ansonsten war ich ein kleines Biest ...

Meine Eltern nutzten die wenigen Sonntage, an denen Vater nicht arbeitete, um Freunde zu besuchen.

Aber die Kinder der Freunde meiner Eltern waren nicht zwangsläufig meine Freunde. Im Gegenteil! Oft langweilte ich mich mit ihnen. Um diesen sonntäglichen Treffen zu entgehen, griff ich zu einer List. Zum Beispiel brachte ich Nana mit allen Mitteln zum Weinen. So wurde ich zum Beispiel bestraft, indem ich von den Familienausflügen, oder besser noch von der Messe, ausgeschlossen wurde.

Wenn ich dann endlich allein war, dachte ich mir neuen Unsinn aus ...

Ich erinnere mich an den Tag, an dem ich heimlich hinter dem Gartenzaun in einer Blechdose Pommes frites machen wollte. Ich hatte ein wenig Reisig auf den Boden gelegt und drei Steine, auf die ich meine Büchse stellte, und zündete ein kleines Feuer an.

Der Zaun, hinter dem ich mich versteckt hatte, war aus trockenem Zypressenholz. Nicht nur er geriet in Brand, sondern auch die Zäune der fünf umliegenden Häuser. Ich rief lauthals um Hilfe. Zum Glück konnten die Nachbarn den Schaden eingrenzen ...

Als meine Eltern am späten Nachmittag nach Hause kamen, hat mich mein Vater derart angebrüllt, dass ich die ganze nächste Woche taub war.

Von den vier Kindern in der Familie war ich zweifelsohne das größte Luder. Aline war sehr verantwortungsbewusst und ruhig, sie sprach nie ein lautes Wort, war einfach perfekt. Nana, stets umgänglich und lächelnd, war der Engel der Familie. Und der Bruder war damals noch zu klein, um Dummheiten zu machen. Ich war also die Einzige, die den Eltern Sorgen bereitete. Ich heckte unglaublich viele Streiche aus und spielte den Familienclown. Ich war nicht boshaft, doch nur um witzig zu sein, war ich zu allem in der Lage.

Als uns Papa beispielsweise eine Schaukel baute, verbot er uns, sie zu benutzen, ehe das Gerüst fertig gestellt war. Natürlich habe ich das Verbot sofort missachtet ... Dann erpresste ich Françoise. Entweder sie schob mich an oder ich würde verraten, dass ihr Freund zu uns kam, sobald die Eltern weg waren. Rache oder pure Hinterlist? Auf alle Fälle flog die Schaukel so hoch, dass die Bänder abrissen, und ich auf dem Rücken landete. Ich hatte solche Schmerzen, dass ich nicht einmal mehr den kleinen Finger rühren konnte.

Das geschah natürlich an einem der Sonntage, an denen ich zur Strafe zu Hause bleiben musste. Als die Familie zurückkam, erriet Papa sofort die Ursache des Unfalls. Er war so wütend, dass er sich weigerte, mich abzuhorchen. Er erkundigte sich nur heimlich bei Françoise, ob ich gehen, mich setzen, alleine baden könnte. Trotz der Bitten meiner Mutter blieb er eisern. Um sicherzugehen, dass nichts Schlimmes passiert war, rief Mama am nächsten Tag einen seiner Kollegen an. Aber ich war hart im Nehmen ...

In derselben Woche lieferte ich eine neue Episode: Da meine Eltern mir keine neue Brille kaufen wollten und ich die alte verabscheute, sagte ich mir, wenn sie kaputt wäre, müssten sie es ja tun. Zu diesem Zweck probierte ich verschiedene Techniken aus. Unter anderem warf ich zum Beispiel die Brille vom Dach unseres Hauses, allerdings ohne Erfolg. Dann entdeckte ich auf der Straße einen Umzugswagen. Flink kletterte ich hinauf und schmiss die Brille auf die steinerne Straßenbefestigung – sie war noch immer unbeschädigt. Ich hingegen brach mir beim Abstieg den Arm.

Um zwei Monate später die Genesung des Arms zu feiern, schenkten mir meine Eltern ein Fahrrad, das ich allerdings nur im Garten benutzen durfte.

Als Mama eines Tages beruflich unterwegs war, fuhr ich auf die Straße. Ein Auto kam herangerast. Vor Schreck verlor ich die Kontrolle über mein Gefährt. Bilanz: sechs ausgeschlagene Zähne!

Diesmal erklärte sich mein Vater bereit, mich ins Krankenhaus zu bringen. Kaum saß ich auf dem Zahnarztstuhl, überkam mich beim Anblick der Instrumente Panik. Ohne Vorwarnung ergriff ich die Flucht und rannte durch die Gänge des Krankenhauses, mein Vater hinter mir her.

Er war wütend, dass ich mich an seinem Arbeitsplatz so benommen hatte, schnappte mich und brachte mich nach Hause. Dort sagte er mit ernster Miene zu Mama, sie solle mich anbinden, damit er mir mit seiner Werkzeugzange die Zahnstümpfe ausreißen könnte. Auf der Stelle war ich folgsam, und am nächsten Tag gingen wir zusammen ins Krankenhaus.

Doch abgesehen von den Zornesausbrüchen, die ich bisweilen provozierte, war Papa uns gegenüber sehr fantasievoll. Er zeigte uns, wie man aus Bananenblättern Bälle machte. Damit konnten wir trotz des Altersunterschieds zwischen Aline und Nana gut spielen.

Außerdem erfand er alle möglichen Scherze, um meine Mutter zu necken. Der verrückteste bestand darin, uns die Augenlider nach oben zu klappen. Da man nur das Rosa der Hautinnenseite sah, wirkte es, als wären wir blind. Dann stellten wir uns hinter sie, während sie kochte, und einer rief: »Mama!«

Sobald sie sich umdrehte, sah sie ihre vier entstellten Kinder und schrie auf. Das fanden wir sehr lustig.

Dann schimpfte sie meinen Vater: »Was hast du wieder gemacht? Du weißt doch, wie schrecklich ich das finde. Du schadest noch ihren Augen!«

»Ja, ja«, sagte er, und sein Tonfall verriet innere Befriedigung.

Mein Vater rauchte sehr viel, er zündete sich eine Zigarette nach der anderen an. Und er ließ sie überall liegen. Ich leerte gerne seine Aschenbecher, denn manchmal nutzte ich die Gelegenheit, um die Kippen aufzurauchen. Da war ich vielleicht fünf oder sechs Jahre alt. Ich liebte den Tabakgeruch.

Meine Eltern verstanden sich prächtig. Schon am Morgen hörte man sie lachen. Im Badezimmer schalteten sie das Radio ein, ohne zuzuhören. Mutter schminkte sich, Vater rasierte sich. Wir durften immer hinein. Sie scherzten und waren stets gut gelaunt. Es war schön, ihre Verbundenheit zu sehen.

Wenn ich an diese Zeit denke, überkommt mich unbändige Freude. Wir lebten damals in ungetrübtem Einvernehmen. Unsere Eltern lehrten uns Lebensfreude, gegenseitige Achtung, liebevollen Umgang und Familiensinn. Wir genossen das gemeinsame Glück, ohne zu ahnen, was uns bevorstand ...

Familiendrama vor drohender Katastrophe

Kurz nach Aimés Geburt wurde Nana krank. Immer wieder fiel das Wort »Lungenödem«. Man brachte sie in einem sterilen Krankenhauszimmer unter und stellte eine große Maschine neben ihrem Bett auf. Vater erklärte uns, dass sich ihre Lungenflügel mit einer Flüssigkeit füllen, an der unsere Schwester ersticken würde, und dass diese Apparatur dazu diene, die Lunge zu trocknen.

Wir Kinder durften Nana nur ganz selten besuchen. Papa wollte nicht, dass wir uns in der Klinik aufhielten, wo all die Bakterien in der Luft herumschwirrten. Mutter dagegen war fast die ganze Zeit bei ihr. Meine Eltern dachten nur noch an sie. Hin und wieder, wenn es unserer kleinen Patientin besser ging, verbrachte Mama die Nacht zu Hause, und Françoise nahm ihren Platz an Nanas Bett ein. Manchmal, wenn sich ihr Zustand merklich besserte, kam unsere Schwester auch nach Hause und ging sogar zur Schule. Dann hatten wir wieder ein richtiges Familienleben.

Was auch geschah, Françoise kümmerte sich um alles: Haushalt, Wäsche, Bügeln, Einkäufe. Die damals zehnjährige Aline war ihr weiterhin eine große Hilfe. Sie machte die Betten, deckte den Tisch. Ich wiederum mit meinen acht Jahren widmete mich ausschließlich Aimé, meinem süßen kleinen Bruder, und wenn meine Eltern fort waren, umsorgte ich ihn wie eine Mutter. Mit niemandem war ich so gerne zusammen wie mit ihm.

Und wenn Mama ihre Tage und Nächte im Krankenhaus verbrachte, verwandelte ich, die unausstehliche Göre, mich in einen »kleinen Engel«. Meine ältere Schwester und ich waren bestens organisiert und taten alles, damit sich die Erwachsenen nicht noch mehr Sorgen machen mussten.

Schon als kleines Kind litt ich an schrecklichen Migräneanfällen. Sobald ich Kopfschmerzen hatte, hörte jegliches Leben im Hause auf. Ich ertrug nicht das geringste Geräusch, vor allem keine Helligkeit, und so lag ich mit einem nassen Waschlappen auf der Stirn im Dunkeln. Doch angesichts der Probleme meiner kleinen Schwester blieb mir keine andere Wahl, als die Schmerzen durchzustehen.

Bei einer dieser Migräneattacken, als ich am liebsten mit dem Kopf gegen die Wand geschlagen hätte, schickte mich Françoise los, um eine Tüte Milch für Nana im Krankenhaus zu kaufen. Unterwegs konnte ich plötzlich nicht mehr laufen, nicht einmal mehr die Augen öffnen, und so legte ich mich an den Straßenrand. Dort fand mich Papa vor, als er von einem seiner Krankenbesuche zurückkam, und ich erklärte ihm, was los war. Er antwortete, ich solle mir keine Sorgen machen. Er brachte mich nach Hause und erledigte den Einkauf an meiner Stelle.

So ging es weiter bis zu dem Tag, als meine Eltern beschlossen, ihre kranke Tochter in Europa behandeln zu lassen – in einem Land, in dem man über die nötigen Mittel verfügte. Das war zu Beginn des Jahres 1988. Vater konnte Nana in einer belgischen Klinik unterbringen und entschied wider Erwarten, sie zu begleiten. Nana war fünfeinhalb Jahre alt und Papa einundvierzig.

Am Tag vor ihrer Abreise kamen wir alle ins Krankenhaus, um uns von unserem kleinen Liebling zu verabschieden. Wie jedes Mal, wenn ihr Atemgerät ansprang, knipsten wir die Lichter aus, um ihr einen Stromausfall vorzugaukeln. Und wie jedes Mal schalteten wir die Lichter gleich wieder an und sagten, das Geräusch, das sie hörte, käme nicht vom Atemgerät, sondern vom Notaggregat, das die fehlende Elektrizität erzeugte. Mit einem Lächeln sagte sie dann: »Ja, ich weiß.«

Gewiss! Sie wusste ganz genau, dass wir ihr etwas vormachten. Nana sprach immer sehr sanft mit uns. Fast wie eine Weise ... Eine winzige Weise von fünf Jahren in ihrem Bett, das viel zu groß für sie schien. Sie sah uns an. Selbst erschöpft, war sie noch immer heiter. Sie wartete, dass ihr Unwohlsein verging. Man fragte sie: »Tut es weh?«

»Ja«, gab sie zurück. »Aber nur ein kleines bisschen.« Heute bin ich mir sicher, dass sie sehr gelitten hat.

Am nächsten Morgen verabschiedete sich Vater von uns. Es war nicht das erste Mal, dass wir ihn mit Koffern aufbrechen sahen. Er reiste viel, um an Kongressen teilzunehmen.

Wir küssten ihn, wie wir es immer taten. Wir hofften alle, dass Nana bei ihrer Rückkehr vollkommen geheilt sein würde.

Als sie fort waren, rückten wir enger zusammen. Mama hatte wieder Zeit für uns und gab sich große Mühe, ihre Ängste nicht auf uns zu übertragen. Sie war sehr um Nana besorgt und entwickelte alle möglichen Strategien, es sich nichts anmerken zu lassen. Manchmal schlugen Freunde vor, auf uns aufzupassen, damit sie sich ausruhen konnte, doch sie lehnte ab. Eine Trennung von uns kam gar nicht in Frage! Wir lebten zusammen im Rhythmus der Anrufe von Papa, der uns mitteilte, mit welchen Methoden Nana von den Ärzten behandelt wurde.

Zum Glück verbesserte sich der Zustand unserer Schwester, und wir fingen an, uns auf ihre Rückkehr vorzubereiten. In der Schule bastelten wir für die beiden Geschenke und Überraschungen. Daheim waren wir ständig aufgeregt. Bald war alles hergerichtet.

Zwei Tage vor dem großen Ereignis rief Papa um acht Uhr abends an. Er sprach mit jedem Einzelnen und fragte, was er uns mitbringen sollte.

Am nächsten Tag, dem 22. März 1988, gingen Aline und ich zur Schule, und Aimé blieb bei Mama, die

Sonderurlaub hatte, um das Familienfest vorbereiten zu können.

Mittags kamen wir zum Essen nach Hause. Daniel und Jeanne, Freunde unserer Eltern, halfen Mama. Etwas später, um Viertel vor zwei, brachte Mutter Aimé zum Mittagsschlaf ins Bett, und wir schnitten ein Spruchband mit der Aufschrift »Herzlich willkommen« aus. Gerade, als wir uns wieder auf den Weg zur Schule machen wollten, klingelte das Telefon. Mama hob ab. Dann bedeutete sie uns mit einer knappen Geste, still zu sein.

Der Anruf kam aus dem Ausland. Sie lauschte nur, sagte kein Wort ... Plötzlich verzerrten sich ihre Gesichtszüge. Sie ließ den Hörer sinken, stieß einen Schrei aus und stürzte ins Badezimmer.

Daniel übernahm das Telefon und setzte das Gespräch fort. Gleich darauf schickte er uns nach draußen zum Spielen. Aline und ich gehorchten widerwillig. Ohne zu wissen warum, hatten wir plötzlich keine Lust dazu. Wir setzten uns auf die Außentreppe. Selbst dort hörten wir Mama weinen.

Aline hatte verstanden, dass etwas Schlimmes passiert sein musste, und weinte jetzt auch. Ich suchte nach einem Grund für diese Tränen, fand aber keinen, der meine Wiedersehensfreude dämpfen konnte.

Im Haus telefonierte Daniel noch etwa zehn Minuten. Nach diesem Gespräch schien er sehr niedergeschlagen. Zwischen zwei Schluchzern sagte er ein paar Worte zu Jeanne, die nun auch in Tränen ausbrach. Einen Augenblick lang standen sie da, eng aneinander geschmiegt, wie gelähmt. Dann fasste sich Daniel wieder und erledigte bis zum frühen Nachmittag einen Anruf nach dem anderen. Inzwischen war es Jeanne gelungen, ins Badezimmer vorzudringen, doch weder sie noch Mutter kamen wieder heraus.

Françoise kämpfte mit den Tränen und tat alles, um Aline und mich abzulenken. Die Zeit schien stehen geblieben zu sein. Nach und nach trafen Freunde meiner Eltern ein, Stühle und Tische wurden gerückt, Getränke und Brote herbeigetragen ... Alle gaben sich geschäftig und schienen doch gleichzeitig tief betroffen.

Am frühen Abend erklärten uns Daniel und Jeanne, dass wir Kinder besser mit zu ihnen nach Hause kämen. Wir wussten immer noch nicht, was das Durcheinander zu bedeuten hatte.

Als wir bei ihnen angekommen waren, ahnte ich auf einmal, dass ein Unglück geschehen sein musste. Alle waren so lieb und nett zu uns, dass ich Verdacht geschöpft hatte. Trotzdem war mir noch immer nicht im Geringsten klar, was hier genau vor sich ging.

Die Dunkelheit brach herein. Ich saß in der Küche bei unseren Freunden. Ihr *Boyi* hörte Radio. Es war 18 Uhr, Zeit für die Abendnachrichten.

Völlig unvorbereitet vernahm ich den Kommentar des Sprechers: »Zu unserem tiefen Bedauern müssen wir den Freunden und der Familie den unerwarteten Tod von Dr. Kayonga Athanase und seiner Tochter

Uwimana Apolline mitteilen.« Die Stimme sprach weiter und zählte die Namen der Onkel, Tanten und Freunde auf, die telefonisch nicht erreichbar waren. Das war so üblich in Ruanda. Man war es gewöhnt, über Radio mit den entlegenen Provinzen zu kommunizieren, zu denen es keine Telefonverbindung gab.

Der Bericht endete mit der Bemerkung, dass der Tag der Beisetzung zu einem späteren Zeitpunkt bekannt gegeben würde.

Aber ich hörte schon gar nicht mehr zu ... Ich hatte das Gefühl zu träumen. Ich musste nachdenken. Doch ich war außer Stande dazu. Verstehen? Noch weniger. Ich wünschte mir sehnlichst, irgendein Spaßvogel hätte diesen finsteren Streich inszeniert. Die Wirklichkeit schien mir unerträglich, und ich zitterte bei der Vorstellung, die Nachricht könne stimmen. Und plötzlich begriff ich, dass es die traurige Wahrheit war. Vor Schmerz kriegte ich keine Luft mehr ... Es kamen nicht mal Tränen.

Als wir am nächsten Tag wieder zu Hause waren, weinten alle, die Männer, meine Tanten und Cousinen. Niemand konnte uns Kinder ansehen.

Mama lag krank, hilflos und völlig aufgelöst im Bett. Sie bat die anderen, uns allein zu lassen. Wir krochen zu ihr ins Bett und schluchzten mit ihr.

Nach einer Weile, als sich der erste Schock gelegt hatte, erklärte uns Mama: Papa und Nana hätten bei einem Unfall den Tod gefunden.

»Tot?«, fragte ich. »Was soll das heißen?«

»Sie werden nicht wiederkommen. Sie sind jetzt im Himmel.«

Und erneut weigerte ich mich, mir ihr Ende einzugestehen. Ich beschloss, nicht daran zu glauben, solange ich sie nicht tot gesehen hatte. Und aus diesem Grund hörte ich auf zu weinen.

Dreizehn Jahre nach diesem Drama bin ich nach Belgien an den Ort des Unglücks gereist. Ich nahm Einsicht in die Akten von Polizei und Feuerwehr, die nach dem Unglück angelegt worden waren.

Am Vortag ihrer Rückkehr hatten sie in einem Hotel übernachtet. Eine depressive Frau hatte genau dieses Haus gewählt, um ihrem Leben ein Ende zu setzen. Unter der Wirkung von starken Beruhigungsmitteln dämmerte sie ein, während sie ihre letzte Zigarette rauchte. Derweil lief das Badewasser, in dem sie vorhatte einzuschlafen, in die Wanne. Die Zigarette fiel ihr aus der Hand, und das Bett fing Feuer. Der Brand breitete sich schnell aus. Matratze, Vorhänge, das ganze Hotel stand in Flammen ...

Vom Feuer geweckt, retteten sich die anderen Hotelgäste durch einen Sprung aus dem Fenster. Mein Vater aber war mit seiner gerade genesenen fünfjährigen Tochter dazu nicht in der Lage. Er versuchte, durch die Eingangstür ins Freie zu gelangen, doch sie war abgeschlossen. Der Nachtportier hatte sie von außen verriegelt und war dann mit seinen Kollegen einen trinken gegangen.

Papa, noch immer mit Nana auf dem Arm, hatte

daraufhin versucht, im ersten Stock einen Notausgang zu finden, war aber im Treppenhaus von den Flammen eingekesselt worden ...

Wegen der polizeilichen Ermittlungen mussten wir mehrere Tage warten, bis die sterblichen Überreste von Papa und Nana überführt waren. Mama und Aline waren untröstlich. Aimé brachte jeden zum Weinen, denn er hörte nicht auf, nach seinem Vater zu fragen. Sein kindliches Unverständnis tat mir weh.

Schon als wir von zu Hause aufbrachen, um unsere Verstorbenen am Flughafen der Hauptstadt Kigali in Empfang zu nehmen, waren wir eine große Trauergemeinschaft. Ein regelrechter Leichenzug machte sich auf eine schier endlose Reise ... Am Airport angelangt, mussten wir warten, bis die Passagiere ausgestiegen waren, ehe die Särge aus dem Gepäckraum geholt wurden.

Das Personal der Fluggesellschaft lud erst den großen braunen Sarg mit den goldenen Griffen aus, dann einen kleinen weißen, der so leicht war, dass zwei Männer ihn tragen konnten.

Am Tag der Beisetzung fand eine Messe statt. Hunderte von Unbekannten, die zu Fuß, im Auto, mit dem Fahrrad oder Motorrad gekommen waren, gesellten sich zu uns in die Kirche, um Papa die letzte Ehre zu erweisen. Trotz strahlenden Sonnenscheins war die Atmosphäre unerträglich.

Auf dem Friedhof wurden die Särge an Seilen in

zwei nebeneinander ausgehobene Gruben gelassen. In dem Augenblick wurde mir klar, dass mein Vater und meine Schwester wirklich von uns gegangen waren. Ich glaubte zu ersticken und wollte ihnen folgen.

Spät am Abend bin ich zu Hause aufgewacht. Mama saß neben mir und unterhielt sich mit einer Freundin. Ich erzählte ihr, dass ich einen Albtraum gehabt hatte.

»Das ist ein schwerer Moment für unsere Familie«, sagte sie. »Wir werden viel Zeit brauchen, um uns von diesem bösen Traum zu befreien.«

SPÄTER, ALS ICH MICH WIEDER für die Außenwelt zu interessieren vermochte, beobachtete ich, wie andere Ehepaare miteinander umgingen: ihre endlosen Debatten, ihre ewigen Streitgespräche, die es zwischen unseren Eltern nie gegeben hatte. Papa und Mama reagierten wie Zwillinge, immer im Gleichklang, immer in Harmonie. Und so fühlte sich Mama nach dem Tod ihres Mannes umso verlorener. Nichts wollte ihr mehr gelingen.

Während vorher zwischen ihnen alles stets in stillem Einvernehmen ablief, nahm jetzt die kleinste Entscheidung für sie gewaltige Dimensionen an. Aber um das Andenken des geliebten Mannes zu ehren und die Träume der Kinder nicht gänzlich zu zerstören, versuchte sie mit allen Mitteln, sich ihre tiefe Trauer nicht anmerken zu lassen.

NACH DEM TOD MEINES VATERS hatte ich erneut heftige Migräneanfälle. Meine Eltern hatten geplant, sich gleich nach Nanas Genesung darum zu kümmern. Nun, da Papa tot war, beschloss Mama, sich des Problems anzunehmen. Daniel, der Freund der Familie, besaß eine Tischlerwerkstatt und fuhr mich mit seinem Lieferwagen zu verschiedenen Arztterminen. Eines Tages brachte er mich zu einem psychiatrischen Zentrum, wo ein Enzephalogramm, ein Röntgenbild meines Gehirns, vorgenommen werden sollte. Ich war sehr verängstigt.

»Bin ich verrückt?«

»Nein, nein, aber du musst untersucht werden. Und dies ist die einzige Klinik, die so etwas macht.«

Niemand hat die wirkliche Ursache des Übels je herausgefunden ... Allmählich ließen die Schmerzen dann nach. Manchmal kehren sie zurück. Ich konnte nie ganz geheilt werden ...

Im Oktober 1990 beschloss Mutter umzuziehen und das Haus, in dem wir zur Miete wohnten, aufzugeben. Sie wollte ebenfalls in Butare ein kleineres bauen lassen, das uns gehören würde.

Wir lebten jetzt ausschließlich von Mamas Gehalt, und so verkauften wir die beiden Autos. Von den Ersparnissen konnten wir das neue Haus einrichten. Nach den Sommerferien kam Aline, inzwischen dreizehn, auf ein Internat, weit weg von uns.

In Ruanda mussten die Schüler nach der Grundschule eine Staatsprüfung ablegen und ihr Werdegang hing so vom guten Willen der Prüfer ab. Das war eine Nervenprobe, die alle durchzustehen hatten, es sei denn, die Eltern besaßen die Mittel, ihre Kinder auf Privatschulen zu schicken. Im Radio wurde bekannt gegeben, an welchem Tag die Ergebnisse im Rektorat veröffentlicht wurden. Schüler, die bestanden hatten, fanden neben ihrem Familiennamen den Namen und Ort ihrer zukünftigen Schule. Sie mussten sich dann Lernmittel, Bettzeug und Toilettenartikel besorgen. Und die khakifarbene Schuluniform – Hosen für die Jungen, Röcke für die Mädchen, dazu weiße Hemden oder Blusen ...

Obwohl sie Angst hatte, ihr Zuhause zu verlassen, und noch nie eine einzige Nacht fern von ihrer Mutter verbracht hatte, war Aline sehr stolz, ins Internat zu gehen. Darum erklärte sie sich auch erst drei Monate später bereit, anlässlich des Neujahrsfestes nach Hause zurückzukommen. Bis dahin würde Mama sie jedes zweite Wochenende besuchen.

Ohne sie erschien uns der Alltag noch ruhiger, fast traurig. Aimé war eben in die Grundschule gekommen. Ein Nachbar fuhr ihn zusammen mit seinem eigenen Sohn auf dem Motorrad dorthin. Mama arbeitete jetzt im *Centre de Santé* unter der Leitung eines rassistischen Direktors, der die Tutsi verabscheute und meine Mutter das deutlich spüren ließ. Mal schickte er sie, wenn es ihm gerade passte, nach Kigali oder er verlangte, dass sie an Wochenenden oder während der Ferien zur Arbeit erschien ...

Schließlich hielt meine Mutter diesen Druck nicht

mehr aus und nahm eine Stellung an in der Verwaltung der Sozialschule von Karubanda, einem großen von Nonnen geführten Schulkomplex.

Um Aimé zum Unterricht zu fahren und nicht mehr auf den Nachbarn angewiesen zu sein, kaufte sie sich einen Roller. Das Problem war, dass sie nie gelernt hatte, Fahrrad zu fahren. Außerdem besaß sie nicht den geringsten Gleichgewichtssinn für diese Art von Fahrzeug und hatte panische Angst vor entgegenkommenden Autos. Die Folge: Mindestens drei Mal am Tag fiel sie mit ihrem Zweirad um und schürfte sich jedes Mal die Ellenbogen auf ... Nach der Arbeit war es noch schlimmer. Verunsichert durch die Blicke der Schülerinnen konnte sie sich nicht konzentrieren und stürzte wieder.

Am Wochenende fuhren wir gemeinsam den Weg zum Üben. Aimé und ich auf dem Fahrrad, sie auf dem Roller. Wir hatten großen Spaß, wenn sie nervös wurde ... Ich rief ihr zu, an nichts zu denken, und fuhr vor ihr her, um ihr mit übertriebenen Gesten zu zeigen, wie sie's machen sollte. Doch sie hatte solche Angst, wir könnten überfahren werden, dass sie vor Schreck auf den sandigen Seitenstreifen fuhr und jedes Mal zwangsläufig umkippte. Auf dem Rückweg schob sie mein Rad und Aimé und ich amüsierten uns auf dem Roller.

Damals kam nach der Schule oft ein lustiger Kerl an unserem Haus vorbei, den ich »Großer Thierry« getauft hatte: ein stämmiger Bursche aus sehr guter

Familie und ein geborener Komiker. Er war der Einzige, der meinen fünfjährigen introvertierten Bruder zu Späßen animieren konnte. Er sagte zu ihm: »Hol deinen Ball! Wir spielen ein Match.«

Sie tobten, lachten, alberten herum ... Trotz der harten Prüfungen gelang es uns, wieder fast normal zu leben. Wir waren wieder eine Familie.

Im Oktober 1990 erklärte der damalige Machthaber General Juvénal Habyarimana der FPR *(Front Patriotique Rwandais)* den Krieg. Er wurde unterstützt von dem MRND *(Mouvement Républicain National pour la Démocratie et le Développement)*, einer Bewegung, die er selbst ins Leben gerufen hatte. Obwohl ich erst elf Jahre alt war, waren weder die FPR noch die repressive Regierung etwas Neues für mich. Die Härte des Regimes war seit langem in unserem Bewusstsein verankert. Überall, selbst im abgelegensten Winkel des Landes, hing sein Portrait. In Schulen, Büros, Krankenhäusern, an jedem Ort. Seit dem Regierungsantritt dieses Präsidenten Ende der Siebzigerjahre lebten wir damit. Meist versuchten wir, ihn zu ignorieren.

Das war nicht immer leicht. In der Grundschule zwang man die Kinder, die ruhmreichen Lieder des MNRD, der Einheitspartei und ihrer Leitfigur, auswendig zu lernen. An Samstagen wurden Kollektivarbeiten wie Straßenreinigung oder Baumrodung angeordnet. Neben diesen Sonderdiensten hatten die Schüler an Aufmärschen vor dem Staatschef teilzunehmen.

Bei Paraden im Stadion durfte man von neun bis sechzehn Uhr weder sprechen noch sich bewegen. Die Hitze unter der sengenden Sonne war unerträglich. Man war aufgefordert, die Gesamtheit aller Grundschulen, Gymnasien, Universitäten, aller Fachbereiche und aller Innungen zu bewundern. Nach den staatlichen Bildungseinrichtungen kamen die Landwirtschaft, die Bauern, ihre Kühe, Ziegen und Hühner ...

Trotzdem habe ich mich in der Schule nie gelangweilt. Selbst wenn wir viel Zeit damit verbrachten, die Propagandahymnen der Republik zu lernen, oder im vierten Schuljahr mit der Landwirtschaft vertraut gemacht wurden, war ich immer versessen auf etwas Neues ...

Was die FPR betraf, waren mir nur bruchstückhaft die Zusammenhänge bekannt, die ich bei Gesprächen von Mama und ihren Freundinnen aufgeschnappt hatte. Ich wusste, dass sie eine Armee aus Tutsi-Flüchtlingen war, die seit 1959 von den beiden aufeinander folgenden Hutu-Regierungen aus Ruanda vertrieben worden waren.

Mein Großvater mütterlicherseits erzählte uns oft von dieser Zeit der Blutbäder und von der wahren Natur unserer Staatsmänner. Er sagte immer, man müsse sich klein machen, um im Leben voranzukommen. Die Andeutungen, die er über die vergangenen Kämpfe machte, ließen uns erahnen, dass wir es auch zukünftig nicht immer leicht haben würden.

Uns Kindern schien das alles abstrakt. Wir spürten

zwar, dass die Lage schwierig, das Klima drückender, die Repression immer schärfer wurde, doch deutete nichts in unserem Alltag darauf hin, dass wir selbst betroffen sein könnten. Sicher weil es uns nach der Familientragödie, die wir durchgemacht hatten, unmöglich erschien, ein noch größeres Drama zu erleben. Vielleicht war es der eigene Kummer, der uns weniger wachsam sein ließ. Manche Tutsi gingen ins Exil. Wir aber zogen es vor zu bleiben.

Die Ausweitung des Terrors

ALS DIE FPR INFOLGE DER Kriegserklärung das Regime von Habyarimana im Oktober 1990 angriff, erging über Radio das Verbot an die Bevölkerung, ihre Häuser zu verlassen: Das bedeutete Ausgangssperre. Diese Einschränkung ermöglichte es den ruandischen Soldaten, Hausdurchsuchungen vorzunehmen und die Komplizen der Rebellenarmee aufzustöbern. In unserem Viertel wurden diese Razzien von den Militärs des benachbarten Lagers vorgenommen.

Wir wussten nicht, was sie wirklich wollten, und hatten Angst. Wir besaßen eine kleine Pistole, die Vater gehört hatte. Meine Mutter hatte sie behalten, um uns vor Einbrechern zu beschützen. Ich bezweifle jedoch, dass sie in der Lage gewesen wäre, sich ihrer tatsächlich zu bedienen ... Nach langem Hin und Her beschloss Mama, die Waffe besser nicht zu verstecken. Wenn die Soldaten sie entdecken würden, wäre Mutter des schlimmsten Verrats verdächtigt worden.

Als die Militärs auftauchten, begriffen wir schnell, dass sie keine Beweise brauchten, um jemanden zu verhaften. Sie haben meine Mutter sofort provoziert und beleidigt.

»Du wirst hier ohnehin nicht alt werden!«, brüllten sie.

Wir unterdrückten unsere Schreie, um die Lage nicht weiter zu verschlimmern, aber sie stießen und bedrängten sie.

»Los«, schrien sie, »du Spitzel! Verrate deine Rasse und zeige uns euer Programm!«

Sie erwiderte, dass sie nicht verstand, was sie ihr vorwarfen, doch die Soldaten wollten nichts davon hören. Als ich sah, wie diese Kerle meiner Mutter zusetzten, schlüpfte ich in ihr Schlafzimmer, nahm die Kugeln und die Pistole, steckte sie in meine Shorts und zog einen weiten Pullover meiner Mutter über, um die Beule zu verbergen.

Als sie anfingen, dieses Zimmer zu durchsuchen, erschrak Mama zu Tode. Der Ohnmacht nahe, öffnete sie ihnen den Schrank, in dem sich noch wenige Minuten zuvor die Pistole befunden hatte. Nachdem ihr klar geworden war, dass sich nur Wäsche in den Fächern befand, hatte sie Mühe, sich ihre Verblüffung nicht anmerken zu lassen. Dann sah sie mich an, bemerkte, dass ich ihren Pullover anhatte, und sie stieß einen lautlosen Seufzer aus.

Sie stellten das ganzes Haus auf den Kopf und warfen alles durcheinander. Als sie die Fotos von Mama in Belgien entdeckten, drehten sie durch. Für sie war das der Beweis dafür, dass sie mit der FPR kollaborierte. Sie konnte noch so oft wiederholen, dass sie während des

Studiums mit ihrem Mann in Belgien gelebt hatte, sie wollten es einfach nicht verstehen. Je länger sie versuchte, ihre Unschuld zu beweisen, desto wütender wurden sie. Ihr Zorn erreichte seinen Höhepunkt, als sie kürzlich aus Belgien eingetroffene Briefe fanden. Sie ohrfeigten meine Mutter mehrmals, um sie zum Sprechen zu bringen.

Sie waren fast alle Analphabeten, und die Wenigen, die lesen konnten, verstanden kein Wort Französisch. Mama mühte sich, ihnen zu erklären, dass diese Post von Rechtsanwälten stammte und den Tod meines Vaters zwei Jahre zuvor in Belgien betraf. Doch es nützte alles nichts. Sie wollten sie festnehmen, und das taten sie auch.

Mutter wurde abgeführt. Wir wagten noch immer nichts zu sagen. Wir folgten ihnen nicht einmal, um zu sehen, wohin sie Mama brachten. Ich hatte Aimé bei mir. Die Leute, die bei uns arbeiteten, waren wie versteinert und sagten kein Wort. Auch den Nachbarn erging es nicht besser. Wir konnten es hören.

»Sie haben es nicht nur auf uns abgesehen«, flüsterte ich.

Alle Tutsi-Familienoberhäupter im Viertel kamen ins Gefängnis. Mama wurde wieder freigelassen, viele andere aber hatten nicht dieses Glück. Schon sehr bald begannen wir, diejenigen, die hinter Gitter gekommen waren, zu beerdigen. Ich wusste davon, weil ich im Kirchenchor sang. Bald verging keine Woche mehr, in der nicht ein Begräbnis stattfand.

Bis dahin hatten wir nichts geahnt. Wir wussten in meiner Familie oft gar nicht, welcher Ethnie die Menschen angehörten, mit denen wir Umgang hatten. Wir schenkten der Frage keine Beachtung. Es war unbedeutend. Hutu und Tutsi lebten in Butare friedlich nebeneinander, auch wenn es in dieser Region mehr Partisanen der FPR gab als anderswo in Ruanda.

Doch mit dem Angriff änderte sich die Lage radikal. Wir wohnten wie gesagt in der Nähe des Militärlagers Ngoma und konnten so die Verrohung der Sitten besonders deutlich beobachten ...

Seit der Verhaftung meiner Mutter gab es keinen Zweifel mehr. Wir waren bedroht, weil man der Auffassung war, dass wir uns von den anderen – von den Hutu, die die Mehrheit in der Bevölkerung darstellten – unterschieden. Die Berichterstattung im Radio schlug einen anderen Ton an. In politischen Reden nahm man die Tutsi aufs Korn oder riss Witze über sie.

In den folgenden Monaten und Jahren folgte eine Demütigung auf die andere. Die Behörden ließen Straßensperren errichten, um die Personalausweise der Erwachsenen und deren Ethnie zu kontrollieren.

Wenn meine Cousinen zu Besuch kamen, oder jedes Mal wenn wir eine dieser Sperren mit meiner Mutter passierten, spotteten die Soldaten über uns und machten obszöne Bemerkungen.

»Ihr werdet schon noch sehen«, riefen sie, »wie wir euch eure Arroganz austreiben werden!«

Immer hatten ihre Anspielungen eine sexuelle Komponente. Oftmals erschraken wir über die Deutlichkeit.

»Wir werden euch so vergewaltigen und erniedrigen, dass euch kein Funke von Stolz mehr bleibt ...«

Sehr oft kamen betrunkene oder voll gekiffte Soldaten in unseren Garten. Sie traten an die Haustür, trommelten gegen die Fenster und beschimpften uns.

Während ich mir vorher nie Gedanken zu den Unterschieden zwischen Hutu und Tutsi gemacht hatte, überkam mich jetzt ein unbehagliches Gefühl und regelrechte Angst.

In allen Vierteln nahmen die Repressionen zu. Schließlich wurde eine nächtliche Ausgangssperre über die Stadt verhängt. Dazu errichteten die Behörden ein Kontrollnetz. Zehn Häuser waren zu einem Block zusammengefasst und unterstanden einer Aufsicht, der das Familienoberhaupt Übernachtungsgäste melden musste. Mit Hilfe dieses Systems wussten die Beamten in jedem Moment, wer wann und wohin verreiste.

Trotz dieser Kontrollen und der Einschränkungen durch die Ausgangssperre war unser Alltag jedoch kaum beeinträchtigt. Natürlich gingen wir abends aus Angst vor Übergriffen nicht mehr außer Haus. Wir bekamen weniger Besuche und sahen unsere Freunde seltener, doch wie alle anderen lernten wir, uns damit zu arrangieren.

ALINE UND ICH HATTEN ein Alter erreicht, in dem wir uns nicht mehr ausstehen konnten. Wir stritten und prügelten uns sogar. Das heißt, es war vielmehr Aline, die mich schlug. Ich muss allerdings zugeben, dass es mir höllischen Spaß machte, sie zu ärgern. Das war meine Lieblingsbeschäftigung. Sobald sie in den Schulferien aus dem Internat heimkam und ihre Tasche abgestellt hatte, suchte ich Streit oder eine Möglichkeit, sie zu provozieren, was mir meist gelang. Nachher bedauerte ich es und schwor, es niemals wieder zu tun. Tief betrübt und widerwillig verteilte Mama Ohrfeigen. Doch im Allgemeinen wusste sie, wer die Schuldige war, und diskutierte nicht lange: Sie ließ uns unsere Angelegenheiten selbst regeln.

Auch mit Mama gab es ständig Konfrontationen, ich diskutierte und verhandelte mit ihr bis zum bitteren Ende. Am schlimmsten war es während der Schulferien. Dann konnte ich es kaum abwarten, meine Großeltern und meine Tante zu besuchen.

»Um dort anders zu leben!«, verkündete ich.

Zu Hause hatten wir den Komfort der Stadt, auf dem Land lebte man ohne fließend Wasser und Elektrizität. Meine Tante hatte einen Sohn und sieben Töchter, darunter Yvonne, meine Lieblingscousine. Die Ferien dort waren traumhaft, obwohl jeder von uns Pflichten zu erfüllen hatte. Die anstrengendste war, frühmorgens das Wasser für den Tag zu holen, damit die Aufgaben im Haus ausgeführt und der *Sorgho*, eine Art Hirse, während der Erntezeit gewaschen werden konnten.

Jeden zweiten Tag hatten zwei Mädchen die Wäsche zu machen. Sie musste zum Brunnen hinabgetragen, vor Ort gewaschen und zum Trocknen wieder heraufgetragen werden. Gegen Mittag, der heißesten Zeit des Tages, wuschen wir uns selbst in der Reihenfolge des Alters und danach versammelten wir uns, geschniegelt und gestriegelt, am Esstisch.

Nach dem Essen konnte jeder machen, was er wollte. Lesen, schreiben, nähen oder ein Mittagsschläfchen halten. Meist setzten wir uns unter den Avokadobaum im *Igikali* und erzählten uns Geschichten, wie wir es von den *Griots** kannten. Die Ältesten sprachen von ihren Freunden. Wir malten uns die Zukunft aus, formulierten Pläne und Träume. Der Nachmittag zog sich dahin. Manchmal liefen einige von uns die steilen Wiesen hinauf, um die Kühe zu holen, die schönen *Ankolés* mit den gewaltigen Hörnern und Höckern, die so typisch für unsere Region sind. Andere lagerten die Ernte ein, scheuerten den Hof oder melkten die Kühe.

Sobald die Dämmerung hereinbrach, spendeten Petroleumlampen Licht. Während wir auf das Essen und die Rückkehr von Onkel Jean warteten, der eine Autowerkstatt in der Stadt betrieb, hörten wir die Nachrichten im Radio.

Wenn wir rund ums Feuer zusammensaßen, sangen wir, machten Ratespiele oder lauschten den Wit-

---

* Afrikaner, die einer speziellen Klasse angehören – zugleich Poeten, Musiker und Hexer.

zen von Yvonne, der Lustigsten in der ganzen Familie. Diese Ferien bei meinen Cousinen waren für mich so wunderbar, dass ich zu allem bereit gewesen wäre, nur um sie bei ihnen verbringen zu dürfen. Immer wieder sagte ich, dass ich um nichts in der Welt darauf verzichten würde.

Wie für meine Schwester und meine Cousinen kam auch für mich der Tag, an dem ich auf die höhere Schule und somit auf ein Internat in der Region geschickt wurde. Diese Trennung von meiner Familie spürte ich besonders schmerzlich, da mir die Unsicherheit in der Stadt nach den unbeschwerten Wochen auf dem Land wirklich bedrohlich erschien. Ich war beunruhigt, meine Mutter und meinen Bruder allein zu wissen. Wie fern waren doch die Zeiten, als meine Eltern noch zusammen im Badezimmer lachten.

Trotzdem versuchte ich, mich den strengen Internatsregeln zu beugen mit allem was dazugehörte: Aufstehen im Morgengrauen, Waschen mit kaltem Wasser, kaum gezuckerter, dafür klumpiger *Sorgho*-Brei. Doch mein Leben war bis dahin so privilegiert gewesen, und ich hatte so viel Liebe und Zuneigung bekommen, dass mir die Tage hier unerträglich erschienen.

Nur die Wochenenden waren angenehm. Am Samstagnachmittag hatten wir frei, und die Mädchen durften die Uniform gegen den *Boubou* tauschen. Man traf sich mit den Jungen der benachbarten Gymnasien. Abends wurde ein Film gezeigt. Wir hörten Musik aus dem Radio und tanzten dazu. Diese Freizeitbeschäftigungen waren das beste Eheanbahnungsinstitut der Welt. Aber wie zur Zeit unserer Eltern – die ruandische Kultur erlaubte keine »ernsthafte« Beziehung vor der Ehe – blieben solche Begegnungen platonisch und boten höchstens die Möglichkeit, zärtliche Blicke und Worte auszutauschen.

Um ein Mädchen zur Freundin zu haben, musste ein Junge bei uns normalerweise zunächst die Erlaubnis der eigenen Familie einholen, damit diese dann zusammen mit ihm beim Vater der Auserwählten um ihre Hand anhalten konnte. War dieser einverstanden, wurde ihm eine Mitgift angeboten, vorzugsweise eine Kuh. Sobald ihre gegenseitigen Gefühle offiziell wurden, konnten die einander Versprochenen sich näher kennen lernen und sich gemeinsam in der Öffentlichkeit zeigen, ohne ihre Umgebung zu schockieren oder das in meinem Land so ausgeprägte Schamgefühl zu verletzen.

Am Sonntag, dem Tag der Messe, durften wir auch unsere Eltern empfangen. Ich weiß noch genau, dass ich nur zwei Mal Besuch bekommen habe. Und das aus dem ganz einfachen Grund, dass ich am Ende der dritten Woche gar nicht mehr im Internat war!

Eines Nachmittags sah ich die Externen nach Schulschluss das Gelände verlassen. Ohne jemandem Bescheid zu geben, bin ich ihnen gefolgt. Dann nahm ich den Bus nach Butare ... Als Mama die Tür öffnete, brach sie in Lachen aus. Sie wunderte sich, dass ich nicht schon eher mürbe geworden war. Sie schrieb mich daraufhin in der Stadt als externe Schülerin ein. Und wie mein kleiner Bruder kam ich nun jeden Abend nach Hause.

Im Januar 1993 wollte Mama umziehen. Sie sagte, es gehe ihr darum, näher am Stadtzentrum und somit an unseren Schulen und ihrer Arbeitsstelle zu sein. In Wirklichkeit wollte sie sich vor allem vom Militärlager entfernen. Mit jedem Tag wurde die Lage für die Tutsi angespannter.

Gewisse Broschüren, wie *Die zehn Gebote des Hutu*, befürworteten die Rassentrennung und bezichtigten die Tutsi auf unterschiedlichste Weise der Niedertracht und Unehrlichkeit. Kein Hutu sollte mehr in Geschäfte mit Tutsi investieren. In Bildung und Armee sowie auf strategisch wichtige Posten konnten nur noch Hutu eingestellt werden. Und schließlich riet man den Hutu, kein Erbarmen mit »dem gemeinsamen Gegner« zu haben. Sie sollten »vereint und einig« bleiben, um der »Propaganda« der Tutsi entgegenzuwirken, damit die »soziale Revolution von 1959, das Referendum von 1961 und die Hutu-Ideologie in allen Bereichen gelehrt und weiterverbreitet wird ...«

Abends hörten Mama und ich im Bett unter der Decke die Frequenz des FPR-Senders, um jedes Detail vom Vorrücken der Rebellenarmee der *Inkotanyi* zu erfahren. Waren wir noch kühner, sahen wir heimlich verbotene Videos, die wir am folgenden Tag an andere Sympathisanten weitergaben.

Zusammen mit Freundinnen hatte Mama unter unserem Dach ein Waisenhaus eingerichtet, um Babys aufzunehmen, deren Eltern an AIDS gestorben waren. Françoise wollte wieder frei sein, um sich ein neues Leben aufzubauen, und verließ uns. Bald darauf zogen wir in ein neues Haus mit drei Räumen um, ein kleines Nebengebäude der Sozialschule von Karubanda, wo unsere Mutter arbeitete.

Mama hatte ein Zimmer, und ich teilte das meine mit Aimé. Trotzdem schliefen wir oft alle in einem Bett. Ich liebte das. Wir schmiegten uns eng aneinander, wie um uns zu beschützen. Das tat gut. Wir unterhielten uns, machten uns gegenseitig Mut, und Mama und ich entwickelten eine wunderbare Verbundenheit.

IN DEN JAHREN 1992 UND 1993 blieb die Lage in Ruanda unklar. Mal lief alles schlecht, mal schien sich alles zu verbessern. Wir erfuhren, dass der Krieg im Norden weiterging, dann war wieder von Verhandlungen die Rede ...

Im November 1993 entsandte der UNO-Sicherheitsrat eine Friedenstruppe ins Land, bestehend aus zweitausendfünfhundert Blauhelmsoldaten, die unter dem Kommando von Generalmajor Roméo Dallaire standen. Die so genannte MINUAR, *Mission des Nations Unies pour l'Assistance au Rwanda*, sollte über die Einhaltung des Waffenstillstandsvertrages wachen, der im August 1993 zwischen der Regierung und der FPR in Arusha, Tansania, unterzeichnet worden war. Die Behörden, die sich inzwischen genötigt sahen, mit der FPR zu verhandeln, um das Problem der rückkehrwilligen Tutsi-Flüchtlinge zu lösen, gaben vor, sich dem politischen Pluralismus zu öffnen.

In Wirklichkeit wollten die Hutu-Extremisten keine Macht abgeben. Zu diesem Zweck verstärkten sie den Terror. Sie gingen so weit, Granaten auf öffentliche Plätze zu werfen und die Opposition dafür verantwortlich zu machen. So traf die Schuld jedes Mal die Tutsi, die ja vermeintlich alle Komplizen der FPR waren.

Manche Menschen wurden einfach wegen ihrer Herkunft oder ihres Freundeskreises angegriffen. Auch Onkel Jean wäre beinahe getötet worden. Die Hutu seines Dorfes lockten ihn in einen Hinterhalt und schnitten ihm mit Macheten die Achillessehnen an beiden Beinen durch. Seine Angreifer wollten ihn »kürzer machen« – die Tutsi sind ja bekanntlich größer als die eher gedrungenen Hutu – und für »seine Arroganz« bestrafen.

Der eigentliche Grund war, dass bei der Hochzeit einer seiner Töchter kurz zuvor die Gäste trotz der Zensur Lieder der Exil-Tutsi angestimmt hatten. Die anderen Dorfbewohner hielten das für eine Provokation ... Es dauerte ein ganzes Jahr, bis Onkel Jean wieder laufen konnte.

Andere starben, weil sie zur falschen Zeit am falschen Ort waren. Zwei meiner Klassenkameradinnen zum Beispiel gingen eines Tages während der großen Pause auf den Markt, als eine Granate in ihrer Nähe explodierte. Eine von beiden war auf der Stelle tot, die zweite erlitt schwere Brandverletzungen.

Der Terror beherrschte unser Leben. Einmal drangen in Butare anlässlich der Beisetzung eines in Kigali ermordeten politischen Gegners Milizen mit Schlagstöcken in die Stadt ein, beschimpften jeden, den sie für einen Tutsi hielten, und riefen den Ausnahmezustand aus.

Eines Nachmittags entließ man uns früher aus der Schule, damit jeder nach Hause gelangte, ohne Gefahr zu laufen, gelyncht zu werden. Diejenigen, die weiter entfernt wohnten, mussten die Nacht in der Schule verbringen.

Wie jeden Tag ging ich mit meinen beiden besten Freundinnen Natacha und Sonia. Unterwegs trafen wir auf betrunkene oder voll gekiffte Männer, die sich nicht mehr in der Gewalt hatten. Ausnahmsweise hatte das nichts mit unserer Ethnie zu tun. Sie machten sich über uns lustig, weil sie uns für Kinder von Reichen hielten. Sie beleidigten uns derart, dass wir bei den Priestern Zuflucht suchen mussten. Natacha rief zu Hause an, und ihr Onkel holte uns ab. Es war nicht ratsam für Mädchen und Frauen, in solchen Zeiten durch die Stadt zu laufen.

Ein halbes Jahr war es jetzt her, dass wir umgezogen waren. Es gab nirgendwo mehr Platz für Unbekümmertheit und Sorglosigkeit – die Ereignisse trieben uns an den Rand des Abgrunds.

Mama änderte ihr Verhalten. Früher hatte sie immer eine halbwegs verständliche Erklärung für das Tagesgeschehen gefunden. Sie wollte vor allem nichts dramatisieren. Nicht aus Zynismus, sondern um die Dinge zu relativieren, um nicht in Panik zu verfallen. Das galt vor allem für sie selbst. Ihr lag daran, uns ein gutes Beispiel zu sein. Dann aber wollte sie uns nicht länger hinters Licht führen. Es war einfach zu viel. Sie sagte uns ganz offen, was vor sich ging. Sie sprach von einer Katastrophe. Die Zeiten der Verharmlosung waren vorbei. Man musste dem Grauen ins Auge sehen.

Heute weiß man: Die Regierung und Juvénal Habyarimana hatten alles genau geplant. Als sie sahen, dass sich das Blatt nicht zu ihren Gunsten wendete, entschieden sie sich für die Endlösung.

»Wenn die Tutsi erneut an die Macht kommen«, sagten sie, »werden sie nichts als Wüste vorfinden ...«

Sie beabsichtigen also die Ausrottung ihrer Feinde und aller störenden Zeugen. Sie würden niemals eine Niederlage akzeptieren. Sie müssen alles zerstören und vor allem die *Inyenzi*, die Kakerlaken, eliminieren. Schlimmer noch: Sie spannen die Bevölkerung für ihre Ziele ein. Durch geschickte Propaganda wird glaubhaft gemacht, ihr Projekt sei legitim. Und die Tutsi merken es gar nicht. Seit Jahren behandelt man uns schon wie Ungeziefer. Wir haben uns am Ende daran gewöhnt. Wir sind blind gegen das, was uns erwartet. Doch niemand ist je auf seine eigene Ausrottung vorbereitet ...

Und während die FPR näher rückt, arbeitet das

totalitäre Regime am Holocaust. Das MRND *(Mouvement Républicain National pour la Démocratie et le Développement)* versammelt die Männer für die Interahamwe, ihre Miliz, die nun mit ihrer »Arbeit« loslegen soll ...

Neunzig Tage ohne Leben

IM APRIL 1994 IST ALINE SECHZEHN, ich knapp fünfzehn und Aimé neun Jahre alt. Wir verbringen die Osterferien in der Familie. Aline und Claudine – eine Cousine, die in Zaire zur Schule geht – sind ebenfalls bei uns.

Am 7. April hört Mama morgens in den Radionachrichten, dass die Präsidenten von Burundi und Ruanda vergangene Nacht bei einem Attentat ums Leben gekommen sind. Ihr Flugzeug stürzte über Kigali ab.

Der Sprecher fügt hinzu, dass die Einwohner bis auf weiteres ihre Häuser nicht verlassen dürfen. Mama ist entsetzt und informiert uns umgehend.

»Das ist unser Ende. *Ikinani*, der unbesiegbare Juvénal Habyarimana ist tot. Natürlich wird man die Tutsi für den Anschlag verantwortlich machen. Jetzt können wir nur noch beten. Sie werden uns alle umbringen.«

Wir sind in Alarmbereitschaft und lauschen auf die Geräusche draußen. Was tun? Unsere kleine Gruppe besteht aus einer Frau, vier Kindern und einem jungen *Boyi*. Wir drängen uns zusammen und wagen kaum, uns zu bewegen. Mama nimmt uns in die Arme und flüstert uns zu: »Trotzdem beruhigt es mich, dass ihr alle bei mir seid.«

Stunden und Tage vergehen ...

In Kigali beginnen die Massaker. Das wissen wir. Bei einigen unserer Freunde geht niemand mehr ans Telefon. Alle haben Angst. Dennoch will keiner an die Berichte von den Gewaltorgien glauben, die sich überall im Land ausbreiten.

Wir bewegen uns nur noch innerhalb des Schulkomplexes. Außer Mamas Kollegen, die ebenfalls in den Nebengebäuden wohnen, treffen wir niemanden mehr. Wie beobachten einander schweigend.

In diesen ersten Wochen der »Unruhen« können die Bewohner von Butare noch nach Burundi fliehen. Doch aus Angst als Komplizen der FPR auf der Flucht aufgegriffen zu werden, was einem Todesurteil gleichkommt, wagen nur wenige dieses Abenteuer. Die Mutigsten (besser gesagt, die Schlauesten), beschließen dennoch, das Risiko einzugehen und machen sich auf den Weg. Aus heutiger Sicht steht fest, dass sie richtig gehandelt haben. Allen Befürchtungen zum Trotz ist niemand auf der Flucht umgekommen ... Es war der sicherste Weg, sein Leben zu retten.

Mama weiß nicht, wie sie sich entscheiden soll. Einige Freunde raten ihr zu fliehen, andere auszuharren. Meine Freundin Natacha und ihre Familie sind schon weit weg. Mama zögert noch immer. Schließlich erhält sie eine Nachricht von Großvater, der sie drängt, nach Burundi zu kommen: Er und seine Frau sind, sobald

sie vom Tod des Präsidenten erfuhren, zur Grenze gelaufen. Doch die Mitteilung kommt etwas spät ...

HEUTE IST ES EINFACH, die Geschehnisse zu
rekonstruieren, damals aber verstanden wir so gut wie
nichts.

Denn seit das Flugzeug mit den beiden Präsidenten
explodiert ist, war in Ruanda Chaos ausgebrochen.
Eigentlich hatte die Regierung den Beginn des Genozids
für den 25. März geplant. Doch aus ungeklärten Gründen wurde er verschoben. Warum? Hatte Habyarimana
seine Meinung geändert? Das ist eher unwahrschein-
lich. Doch niemand kann etwas Definitives sagen.

Sicher ist hingegen, dass der Habyarimana-Klan
längst alles organisiert hatte, um die Tutsi in Ruanda zu
töten und so den Rebellen außerhalb des Landes Einhalt
zu gebieten. Es fehlte nur der Zündfunke. Habyarimana
starb am 6. April. In dem Augenblick, als sein Flugzeug
abgeschossen wurde, begannen die Milizen, gemäßigte
Hutu in politischen Positionen zu töten. Sie waren die
ersten Opfer, die von den Extremisten ihrer eigenen
Ethnie ermordet wurden, damit der Endlösung des
»Tutsi-Problems« nichts mehr im Wege stand.

Sobald sie diese Störenfriede beseitigt hatten, sporn-
ten die Hutu-Extremisten die Milizen, die so genannten
Interahamwe, an, sich »an die Arbeit« zu machen.

Einigen Berichten zufolge, vor allem dem von Roméo Dallaire, wusste die internationale Gemeinschaft
genau, was bevorstand, doch sie rührte keinen Finger.

Während die Truppe der Vereinten Nationen im November 1993 noch zweitausendfünfhundert Mann stark war, zählte sie am 14. April 1994 nur mehr vierhundertfünfzig Soldaten.

Was ist passiert?

Jahre später lehnen einige Länder den Begriff Genozid immer noch ab und versuchen, von Bürgerkrieg und Stammeskämpfen zu sprechen ...

In seinem Werk *Une saison de machettes* nennt Jean Hatzfeld die Dinge beim Namen: »In der neuesten Geschichte finden alle Völkermorde mitten im Krieg statt. Dabei sind sie weder Ursache noch Konsequenz desselben, vielmehr bringt der Krieg eine Art rechtsfreien Raum mit sich, er toleriert den Mord, normalisiert die Barbarei, fördert Angst und Trugbilder, lässt alte Dämonen wieder aufleben, erschüttert Moral und Humanismus. Er senkt bei den künftigen Akteuren des Genozids die letzte psychologische Hemmschwelle. In Deutschland und in Ruanda ging dem formalen Beschluss zur Massenvernichtung ein effizienter Einsatz voraus. Als könnte er, so ungeheuerlich wie er ist, erst laut ausgesprochen werden, nachdem er schon praktiziert wurde.«

WIE MEINE SCHWESTER und ich können mehrere Tausend Überlebende bezeugen, was sie gesehen haben. Ich werde versuchen, schonungslos und genau von den Ereignissen zu berichten. Angesichts des Grauens bleibt keine andere Wahl.

Da wir kein Auto haben, bittet Mama die beiden Nonnen, die die Schule leiten – eine Französin und eine Kanadierin –, uns mitzunehmen. Die Ordensfrauen haben ihre Koffer gepackt, die Wagen stehen bereit. Die jeweiligen Botschaften haben sie über die Gefahr informiert und ihnen angeordnet, das Land zu verlassen.

Da mischt sich Madeleine ein, eine ruandische Nonne, und verlangt den Ausweis meiner Mutter. Dabei kennt sie ihn genau. Mama gehorcht. Die Frau lächelt hämisch und sagt: »Kein Tutsi steigt in unsere Autos.«

»Rette wenigstens eines meiner Kinder. Nur eines! Du kannst entscheiden, welches.«

Doch Madeleine sieht sie nur verächtlich an, wendet sich ab, und lässt sich nicht einmal dazu herab, auf ihr Flehen zu antworten. Nie werde ich die Verzweiflung in den tränenfeuchten Augen meiner Mutter vergessen.

Als wir zurück zum Haus gehen, sagt Mama zu mir: »Meine Zouzou, ich glaube, das ist unser Ende. Wenn es das Paradies wirklich gibt, werden wir bald bei Papa und Nana sein.«

In diesem Augenblick denken wir dasselbe. Uns wird bewusst, dass Papa tatsächlich nicht mehr da ist. Er hätte eine Lösung gefunden, um uns aus dieser Hölle zu befreien. Davon sind wir überzeugt …

Aline und Claudine, die ganz sicher waren, dass Mama die Nonnen würde überreden können, uns mitzunehmen, haben schon das Notwendigste gepackt. Als sie von deren Verweigerungshaltung erfahren, hat keiner mehr den Mut und die Kraft, die Taschen wieder auszupacken.

14. APRIL 1994. Unsere letzte Hoffnung ist geschwunden. Ein Großteil der UN-Friedenstruppe verlässt das Land. Aimé und ich haben den ganzen Tag über die Wagen gezählt, die an uns vorbei nach Burundi fahren.

Alle drängen zur Grenze – nur wir nicht. Wir möchten noch immer fliehen, aber keiner will uns mitnehmen. Und es ist niemand mehr da, um uns zu schützen.

Stündlich bekommt Mama neue Schreckensmeldungen. So erfährt sie von Nachbarn, dass mein Onkel Jean tot ist und sein Kopf am Dorfeingang aufgespießt wurde. Wenig später informiert man uns, dass meine Tante und vier ihrer Kinder zu Hause überfallen wurden. Meine Tante Lucie, so sagt man uns, ist unverletzt, man hat ihr nichts getan, »damit sie vor Kummer stirbt«.

Schlechte Nachrichten erhalten wir auch von den Eltern meiner Cousine Claudine, die sich bei uns aufhält. Man hat ihre Familie getötet und in die Latrinen geworfen. Mama hat es Aline und mir erzählt, doch sie weiß nicht mehr, was sie auf die Fragen unserer Cousine antworten soll. Claudine ahnt etwas. Den ganzen Abend über will sie ihre Eltern anrufen. Mama versucht Vorwände zu finden, um sie davon abzubringen.

Plötzlich klopft es. Ein Augenblick der Panik! Es ist zehn Uhr abends. Wir flüstern nur noch. Sind es die Militärs? Nein. Es ist die Stimme unserer Cousine Chantal, die in der Nähe wohnt.

Blutüberströmt, wie ein gehetztes Tier, läuft sie im Wohnzimmer auf und ab und redet wirres Zeug. Schließlich gelingt es uns, sie zu beruhigen. Dann beginnt sie zu erzählen, scheint nicht mehr aufhören zu können ... Einen guten Teil der Nacht hören wir ihr zu. Ihr Bericht ist unglaublich.

Sie ist kilometerweit gelaufen, von Kibeho, einem kleinen Dorf, in dem ihre Schwester Julie wohnt, die gerade entbunden hat, bis zu uns. Mit dem Säugling hatten sie Zuflucht in einer Kirche gefunden, während Julies Mann auf einen Freund wartete, der sie mit dem Auto nach Burundi bringen sollte.

Die Milizen haben angegriffen. In ihrer Panik wurden die beiden Frauen getrennt. Ohne zu wissen wie, war Chantal plötzlich draußen und Julie mit dem Baby drinnen. Dann warfen die Soldaten Granaten in die Kirche, und ihre Helfershelfer gingen mit Macheten auf die Fliehenden los. Eine dieser Waffen hat Chantal gestreift und am Arm verletzt.

Die Militärs, Milizen und zahlreiche Bauern schienen ihre Arbeit nicht unbeendet abbrechen zu wollen ... Lange irrte Chantal weit ab von der Straße durch das Buschwerk und versuchte, zu ihren Eltern zurückzukehren, um mit ihren zu sterben.

Nach diesem schmerzlichen Monolog tritt ein beklommenes Schweigen ein. Um Chantal zu überzeugen, bei uns zu bleiben, erklärt Mama: »Niemand wird dir sagen können, wo sich deine Familie versteckt.«

Unsere Cousine insistiert nicht weiter. Sie hat keine

Kraft mehr und sagt: »Gut, wenn es so ist, dann werde ich eben mit euch sterben.«

Bei ihren Worten gefriert mir das Blut in den Adern.

An den folgenden Tagen warten wir auf den Tod. Unsere einzige Hoffnung ist, dass der noch amtierende Präfekt von Butare, ein Tutsi, eingreifen könnte. Seine Anwesenheit in der Region, sowie die seiner Frau und seiner Kinder, beruhigt uns ein wenig. Wie absurd! Am 18. April gibt die Übergangsregierung grünes Licht: Der Präfekt wird abgesetzt und zusammen mit seiner ganzen Familie ermordet.

An diesem Tag ruft der Interimspräsident, der an Habyarimanas Stelle getreten ist, die Bevölkerung auf, sich von den »Störenfrieden« zu befreien.

Begleitet von zairischen Rhythmen, ermutigt Radio *Mille Collines*, auch »Radio Machette« genannt, die Milizen und anderen Mörder, Haschisch zu rauchen, Alkohol zu trinken und die *Inyenzi*, diese Kakerlaken, auszurotten.

Bei Einbruch der Dunkelheit springt die Präsidentengarde mit Fallschirmen über Butare ab. Eine halbe Stunde später beginnen die Massaker. Wir hören ununterbrochen Schusssalven, Granatenexplosionen und Schreie. Wir verbringen die Nacht unter den Betten, versuchen uns ruhig zu verhalten und flehen den Himmel an, uns noch einmal den Sonnenaufgang erleben zu lassen.

Am nächsten Morgen beschließt Mama, uns in der Krankenstation der Schule, die etwas abseits von der Straße liegt, zu verstecken. Unsere Notdurft verrichten wir in leere Flaschen und Töpfe. So verharren wir zehn Tage möglichst leise und ohne uns vor die Tür zu wagen. Wir versuchen zu beten. Doch es hilft nicht. Es fällt uns immer schwerer zu glauben, dass es einen Gott gibt, der eines Gebetes würdig ist. Ich frage mich, welche Schuld wir wohl auf uns geladen haben, um eine solche Strafe zu erleiden. Doch das Schlimmste steht uns noch bevor ...

AM 30. APRIL 1994 KÜNDIGT uns Adolphe zynisch und gleichgültig an, dass die Militärs bald da sein würden – er ist ein Kollege meiner Mutter, der ebenfalls mit seiner Familie in der Schule wohnt und von den Schülern »Hinkefuß« wegen seines kürzeren Beines genannt wird.

»Eure Stunde hat geschlagen«, fügt er hinzu.

Der Schuft! Hinter dem Zaun sehen wir Soldaten, die sich versteckt haben, um uns zu jagen: Adolphe ist in Begleitung gekommen!

Seit gestern wissen wir, dass die Durchsuchungen näher rücken. Jetzt sind wir an der Reihe, das Unvermeidliche wird geschehen. Wir müssen jetzt reagieren. Ohne eine Sekunde zu verlieren, befiehlt mir Mama, mit Aimé zum Bauernhof auf dem Schulgelände zu laufen. Ich versuche zu fliehen, wir rennen los, die Militärs schießen. Die Kugeln treffen die Tür. Wir drehen schnell wieder um ...

Draußen drängt sich die Menge, darunter fast das gesamte Lehrerkollegium, wie zu einem Schauspiel.

»Sie sind alle da, um uns sterben zu sehen«, sagt Mama.

Der Gesang der Soldaten wird immer lauter, die hallenden Schritte der Stiefel nähern sich. Der gleiche Lärm wie 1990, als Mama festgenommen wurde. Der höllische Rhythmus dröhnt in unseren Ohren. Er kommt unaufhaltsam näher, betäubt uns. Bleierne Angst lähmt unseren Blick und unsere Gedanken. Wir verharren reglos in der Ausweglosigkeit und wissen nicht, was wir tun sollen.

Dann brüllen sie: »Macht die Tür auf! Zwingt uns nicht, euch herauszuholen!«

Mama gehorcht. Um sie nicht zu reizen, erklärt sie ihnen ganz ruhig die Situation. Sie lebe hier alleine mit ihren Kindern. Wir kommen aus unserem Versteck.

Hundert Uniformierte mit Bajonetten und Gewehren bedrohen uns. Uns! Fünf Kinder und eine Frau. Neben ihnen drängen sich Zivilisten mit Macheten, Nagelkeulen und aus den Wänden gerissenen Wasserhähnen. Als ich die Anzahl der Mörder sehe und vor allem, womit sie uns töten wollen, beginne ich, die Nonnen, die uns zurückgelassen und die Blauhelme, die sich abgewandt haben, zu hassen.

Die Milizen verhören meine Mutter. »Wo ist der ›Mann‹?«, schreien sie.

Mama sagt ihnen, dass es keinen Mann gibt. Sie toben weiter. Einer von ihnen zieht ein Papier aus der Tasche. Er wisse, erklärt er, dass es in dieser Schule eine Frau, fünf Kinder und einen Mann gebe. Wir verneinen. Das ist das Ende der Diskussion. Sie stoßen Mama hinaus. Ich setze zu einer Bewegung an, um ihr zu folgen, doch sie sieht mir fest in die Augen, und ihr Blick befiehlt mir, es nicht zu tun.

Aline, Claudine, Chantal, Aimé und ich sitzen, bewacht von zwei Soldaten, im Eingang der Krankenstation und rühren uns nicht vom Fleck. In panischer Angst raunt uns Claudine zu, sie habe ihren Ausweis in der Tasche. Chantal schlägt vor, dass wir ihn aufessen. Claudine zerreißt ihn unauffällig in fünf Stücke, und jeder bekommt einen Teil.

Während wir das Papier kauen, erkundigt sich leise Aimé, den wir stets zu schonen suchen: »Was sind wir?«

»Warum, Aimé?«

»Sie töten doch die Tutsi, oder?«

Der kleine Bruder hat alles verstanden! Claudine versucht, eine Antwort zu finden. Doch was kann man darauf sagen?

»Denk nicht solchen Unsinn«, entgegnet sie. »Wir sind Christen. Wenn sie uns töten, kommen wir ins Paradies.«

Durch unser Geflüster alarmiert, fragen die beiden Wächter, was wir im Schilde führen.

»Wenn ich recht verstehe«, sagt Claudine, »wollen Sie uns töten?«

»Ja, genau.«

»Und aus welchem Grund?«

Bei dieser Frage biegen sich die Militärs vor Lachen.

»Wir rotten die Schlangen in diesem Land aus!«

Da erbittet Claudine eine letzte Gunst: »Könnten Sie uns mit Ihren Gewehren ausrotten?«

Mit einem höhnischem Grinsen antworten sie: »Nein, die Kugeln sind zu teuer.«

Alle schweigen. Aline, Aimé und ich drücken uns aneinander. In einer Hand halte ich den Schlüsselbund zu Mamas Arbeitsplatz. Dann tauchen drei Soldaten auf und befehlen uns, ihnen in den Verwaltungstrakt der Schule zu folgen.

Im Hof entdecken wir den zerrissenen Ausweis unserer Mutter. Nur ihr Foto ist unversehrt. Ohne weiter zu überlegen, sage ich im Stillen: »Möge Gott ihr Frieden schenken!«

Als wir an ihrem Büro vorbeikommen, hören wir eine wütende Stimme: »Wer war das? Schafft sie augenblicklich hier raus. Und erklärt mir, wer das getan hat! Ich habe euch gesagt, ihr sollt die Leute nie zu Hause töten! Man könnte euch filmen ... Niemand darf wissen, dass ...«

Wie versteinert stehen wir an der Stelle, die man uns angewiesen hat, und halten den Atem an. Zwei Männer bringen Mama aus ihrem Büro. Sie halten sie an den Armen und schleifen sie über den Boden. Damit sie sie nicht denunzieren konnte, haben sie ihr von hinten den Schädel eingeschlagen. Eiskalt sagt einer der Mörder: »Ich glaube, sie ist noch nicht tot.«

Derjenige, der die anderen vorher zusammengestaucht hat, sticht sein Bajonett in Mamas Brust.

»Jetzt ist sie's«, erklärt er brutal.

Wir stehen in einer Reihe da. Keiner rührt sich. Nichts. Kein Stöhnen. Kein Schrei. Kein Flüstern. Keine Träne. Es ist unglaublich, aber es ist so. Meine Mutter verblutet, und ich spüre nichts. Weder Angst noch Trauer. Ich bin selbst tot.

Ein Lastwagen kommt. Man befiehlt uns aufzusteigen. Aline, Claudine und Chantal gehorchen. Sie legen sich nebeneinander. Ohne es zu bemerken, habe ich die Hand meines kleinen Bruders losgelassen, der ihnen folgt. Als ich ihm nachlaufen will, sieht einer der Soldaten den Schlüsselbund, den ich umklammere. Ich soll warten. Er stößt mich zur Seite.

Die Zeit bleibt stehen. Zwei Soldaten beugen sich über Mama, entreißen ihr Schmuck, Brille und Schuhe, packen sie an Armen und Beinen und werfen sie zu den anderen, Lebende und Tote durcheinander. Der Wagen fährt an ... verschwindet. Ich brauche eine Weile, um zu verstehen, dass er ohne mich abgefahren ist.

Mit den Schlüsseln, die sie mir abgenommen haben, schließen die Milizen die Türen der Schule auf und plündern, was sie können. Zufrieden mit ihrer Arbeit, befehlen sie mir später, mich zu setzen und auf die Rückkehr des Lastwagens zu warten.

Stunden über Stunden hocke ich da mit diesen Männern, die mich beleidigen, mich schlagen, mir auf die Füße treten ...

Stundenlang wiederhole ich mir Mamas letzte Worte.

»Ich vertraue dir«, hatte sie mir am selben Morgen gesagt. »Was auch immer geschieht, versuch dich zu retten. Das ist mein innigster Wunsch.«

Auf meine Einwände ermutigte sie mich, wie sie es immer getan hatte.

»Meine Zouzou, man muss alles probieren. Man weiß nie, vielleicht funktioniert es.«

Etwas Ähnliches hatte sie mir wohl gesagt, als ich Jahre zuvor aus meinem Brutkasten kam ...

Wir haben viel gesprochen. Aber was mir an diesem Abend und bis heute in Erinnerung geblieben ist und mich stärkt, sind jene entscheidenden Worte: »Unsere Familie musste viele Prüfungen durchstehen. Alle zusammen haben wir sie gemeistert. Also sei mutig, auch wenn du allein bist! Gib nicht auf ... Kämpf um dein Leben, es lohnt sich.«

Mama hat mich darum gebeten. Sie hat es mir befohlen. Sie hat mich angefleht. Ihre Worte verfolgen mich. Klein, aber stark, halte ich meine Feinde zum Narren. Ich wende mich an die Mörder und frage arrogant: »Tötet ihr denn auch die Hutu?«

Verblüfft antworten sie mir, nein, nein, nur die Tutsi! Und schon habe ich mich in eine endlose Geschichte verwickelt, deren Ende ich noch nicht absehen kann. Mit unglaublicher Kühnheit bastele ich mir, ohne zu überlegen und ohne zu zögern, eine neue Identität.

»Ich bin aber eine Hutu. Ihr habt kein Recht, mich zu töten!«

Dann erzähle ich ihnen von den vielen Ehemännern meiner Mutter und dass mein leiblicher Vater ein anderer ist, als man glaubt, ein Hutu aus dem Norden.

Und ich erkläre ihnen, was sie genau wissen: Die Stammeszugehörigkeit wird durch den leiblichen Vater bestimmt, ich bin also Hutu wie sie selbst. Sie würden einen unverzeihlichen Fehler begehen, wenn ...

Verblüfft bombardieren sie mich mit Fragen. Und ich erfinde und erfinde. Und mit der Zeit werde ich immer glaubhafter. Sie zögern. Da der Lastwagen nicht zurückkommt, beschließen sie, das Todesurteil aufzuschieben, und lassen mich unter der Aufsicht von Adolphe dem Hinkefuß, der soeben meine Familie verraten hat. Sie sagen ihm, dass sie mich am nächsten Morgen abholen werden. Im Moment haben sie keine Zeit für ein Kind zu verlieren, das vielleicht Hutu ist, und außerdem wartet die »Arbeit«.

IN DER ERSTEN ZEIT DER MASSAKER töteten die Hutu die Tutsi gleich vor Ort, dort, wo sie sie fanden: in ihren Häusern, auf der Straße, in der Kirche, im Gebüsch, auf den Feldern, in den Bananenplantagen. In Butare mussten die rosa gekleideten Häftlinge die Leichen in Kippwagen werfen und in Massengräbern abladen.

Ende April erging dann der Befehl, so nahe wie möglich an diesen Massengräbern zu »arbeiten«. Das war rationeller, erforderte weniger Mühe und war vor allem unauffälliger. Darum war auch der Chef der Militärs so wütend, als er meine Mutter halb tot zu Hause, weit vom Massengrab entfernt, vorfand – doch das habe ich erst später verstanden. Alles nur eine Frage der Organisation.

Die Militärs fahren ab. Und ich bleibe die Nacht über bei Adolphe und seiner Frau Nicole. Morgen würde man weitersehen. Adolphe ist erfreut über den Mord an Mama, denn nun ist er der alleinige Herrscher über die Örtlichkeiten. Laut träumt er davon, dass er, wenn die Nonnen zurückkommen, eine Belohnung einstreichen wird, weil er die Schule so gut bewacht hat.

Und sogleich übernimmt er seine neue Funktion. Um das ehemalige Büro meiner Mutter nicht neu streichen zu müssen, befiehlt er mir, es auf der Stelle zu reinigen. Er reicht mir Lappen und einen Eimer. Alle »Guten Seelen« aus der Umgebung drängen sich am Fenster, um die Szene zu beobachten.

Verstört betrete ich die Höhle des Todes. Auf dem Boden ein riesiges Blutmeer. An den Wänden rote und schwarze Spuren. Überall ist Blut. Ich muss durch die klebrigen, glitschigen Pfützen laufen. Auf Knien muss ich wischen, scheuern, waschen. Kein Recht, mich dagegen zu wehren. Ohnmächtig werden? Lange Stunden kämpfe ich in diesem feuchtwarmen Geruch gegen meine Übelkeit an. Der Geruch des Todes ... Das Atmen fällt mir schwer, unmöglich, sich daran zu gewöhnen, aber ich bin zum Überleben verpflichtet. Und schließlich habe ich es geschafft.

Doch das Blut, das alles beschmutzt, dieses Blut, das ich aufwische, das ich entferne, ist das Blut meiner Mutter. Es handelt sich um den Mord an meiner Mutter. Daran erinnert mich ein Wächter; ungerührt erklärt er die Etappen ihres Leidensweges. Die Militärs schlugen ihr mit einem aus der Wand gerissenen Wasserhahn, an dem noch Betonstücke hingen, von hinten den Schädel ein. Dann ließen sie sie verbluten. Sie nahmen die Kasse und machten sich mit ihrer Beute aus dem Staub. Wie um seinen Bericht zu unterlegen, deutet der Zyniker auf Mamas blutige Fußabdrücke am Boden, auf die roten Spuren, die ihre Finger am Schreibtisch hinterlassen haben, als sie sich aufrichten wollte, auf die befleckten Blätter Papier, mit denen sie die Blutung zu stoppen versuchte.

Mit letzter Kraft scheuere und scheuere ich. Bis zur völligen Erschöpfung. Ich brauche literweise Wasser, um das getrocknete Blut wegzuwaschen.

Während ich arbeite, kommt einer der besten Freunde meines Vaters vorbei. Ich glaube mich gerettet. Er wirft mir nur einen kurzen Blick zu. Trotzdem kann ich ihm einige Worte zuflüstern. Ich hoffe auf seine Hilfe, doch er antwortet mir: »Ich kann dich nicht verstecken, du würdest meine Familie in Schwierigkeiten bringen.«

Und ohne sich weiter aufzuhalten, steigt er in seinen Wagen. Da würde ich zum ersten Mal gerne weinen. Aber wozu? Es ist niemand mehr da, der mich trösten könnte, nur noch Verbrecher, die sich über mich lustig machen würden ...

Ich schlucke meinen Schmerz herunter. Weinen hilft nichts. Das tun nur Menschen, und ich war keiner mehr. Meine Familie ist ausgelöscht. Ich bin allein auf der Welt. Ich bin vierzehn Jahre alt. Hände und Knie im Blut meiner Mutter, bereite ich mich auf meine letzte Nacht vor.

NACHDEM ICH DAS BÜRO meiner Mutter gereinigt habe, gehe ich in die Wohnung von Adolphe und Nicole.

Der Hinkefuß und seine Frau sind etwa dreißig und haben Zwillinge im Alter von achtzehn Monaten. Bis der Genozid ihr wahres Wesen entlarvte, hatten sie ein gutes Verhältnis zu meiner Mutter. Ihr Haus lag neben dem unseren. Wenn es ihnen an Salz, Öl, Wasser oder Kohle fehlte, kamen sie zu uns, und meine Mutter half ihnen aus. In den ersten Tagen der Massaker von Butare hatten ihre Kinder Fieber, und Mama hat sie behandelt ...

Ich verstehe nicht, wie sie sich so haben verändern können. Wie war es möglich, dass sich diese bislang liebenswürdigen Menschen innerhalb so kurzer Zeit in Monster verwandelten? Wie kann eine Mutter von zwei Babys, und das schien der Fall zu sein, sich an der Ermordung von unschuldigen Kindern erfreuen? Ich sehe zu, wie sie in aller Ruhe essen, das Gemetzel kommentieren, im Einzelnen die Exekution des einen oder anderen schildern, als unterhielten sie sich über das Wetter.

Die ganze Nacht über sitze ich wie versteinert in einer Ecke. So hocke ich noch da, als mich am nächsten Tag gegen 15 Uhr zwanzig Soldaten abholen kommen.

Sie sind wütend. Ich habe solche Angst, dass mir alles vor Augen verschwimmt. Ich zwinge mich, sie anzusehen. Ich will mir die Gesichter meiner Mörder einprägen, ihr Bild aufnehmen. Doch alles ist weiß und blendet mich. Ich zittere. Ich habe Angst, dass sie mich einer nach dem anderen vergewaltigen, ehe sie mich umbringen, und plötzlich bereue ich meine Kühnheit vom Vortag. Ich hätte mit den anderen sterben sollen. Sie zerren mich zu ihrem Lieferwagen ...

Ohne dass man ihn hätte kommen sehen, nähert sich plötzlich einer ihrer Vorgesetzten und fragt, ob sie sich nicht schämen, so mit einem Kind umzuspringen. Er befiehlt ihnen, auf der Stelle zu verschwinden, droht ihnen sogar, wenn er erfahren würde, dass mir etwas passiert sei, bekämen sie es mit ihm zu tun. Der Mann hat ganz offensichtlich Autorität. Und all die Militärs, die Wächter, Adolphe und seine Frau, mein Retter, alles löst sich in Luft auf.

Wie durch ein Wunder bin ich zum dritten Mal dem Tod entkommen, und diesmal auch dem speziellen Schicksal, das die Mörder den Mädchen vorbehalten. Sie suchen sich eine nach ihrem Geschmack aus, sperren sie in ein leeres Haus, vergewaltigen sie, und wenn sie genug von ihr haben, töten sie sie und ersetzen sie durch eine andere. Sie nennen das *Kubohoza*. Das bedeutet *gegen seinen Willen befreit*. War der Vorgesetzte, der eingegriffen hat, gegen solche Praktiken? Vielleicht wollte er nicht, dass seine Männer ein Mädchen missbrauchen, das noch nicht einmal einen Busen hat. Vielleicht ...

Aus einem mir unverständlichen Grund lebe ich noch, ich bin ganz allein auf der Welt, genau am selben Ort und in derselben Haltung wie am Vortag. Gegen alle Erwartungen lebendig. Und diese Feststellung macht mir erstaunlichen Mut. Ich weiß, dass ich mich jetzt nicht mehr widerstandslos zur Schlachtbank führen lassen werde.

Ich bleibe weiter bei Adolphe und seiner Familie. Ein Aufschub. Ich kümmere mich um die Kinder, die Küche, den Haushalt, ich diene ihnen als Sklavin für alles. Ich ziehe den Kopf ein und mache mich klein. Das stört mich nicht. So vergehen die Stunden schneller.

Ich denke nach. Ich habe beschlossen, den Rücken zu beugen und auf eine Flucht zu verzichten. Ich höre draußen die Milizen brüllen und die Mörder ihr Werk verrichten. Das ist nicht der richtige Augenblick, sich zu zeigen und die Gefahr herauszufordern. Hier ist es zwar nicht ideal, aber ich kenne die Gegend, meine Feinde, meine Henker, ihre Boshaftigkeit, ihre Schwächen, ihren Hass. Keine Unvorsichtigkeit, kein falscher Schritt, vielleicht habe ich dann Glück. Warten. Durchhalten. Ich ertrage alles, sogar Nicole, die mir mit einem genüsslichen Lächeln wiederholt, dass die Leiche meiner Mutter von den Hunden verschlungen wurde.

Die Küche meiner Kerkermeister ist der strategisch beste Ort, um zu sehen, ohne gesehen zu werden. Sobald ich eine Uniform erblicke, verschwinde ich auf der Stelle und verstecke mich etwas weiter weg beim Bauernhof.

In der dritten Nacht nach Mamas Tod klopft jemand an die Hintertür der Küche, in der ich eingesperrt bin. Adolphe fragt, wer da sei. Es ist Victor, ein Lehrer aus der Schule, ein gut aussehender Mann von achtundzwanzig Jahren, den ich gern mag. Vor drei Monaten hat er Célia geheiratet, die Braut mit dem rundesten Bauch der Welt. Gleich nach der Zeremonie wurde ihre kleine Tochter geboren. Ein unglaublich schönes Paar, wie füreinander geschaffen, und ganz vernarrt in ihr Baby. Seit er Vater war, neckte ich Victor jedes Mal, wenn ich ihn sah, und nannte ihn »Papa«. Er schien so glücklich.

In dieser Nacht regnet es heftig. Victor hat kein Trinkwasser, keine Schuhe, keinen Pullover und bittet Adolphe um Hilfe. Ohne die Tür zu öffnen, hört Adolphe ihm zu und tut so, als wolle er Kleider holen. Da fällt sein Blick auf mich, und er befiehlt mir, meinen Freund hinzuhalten.

»Sprich mit ihm, aber mach ihm nicht auf.«

Dann geht er zum Fenster, greift nach einer Taschenlampe, die er seit der Ausgangssperre benutzt, um den Männern auf dem Wachposten Zeichen zu geben.

Ich achte nicht weiter auf sein Tun. Ich bin zu glücklich, endlich einen Freund zu treffen, und drücke mich an die Tür: »Victor, hier ist Zouzou! Sie haben hier alle getötet.«

Doch das weiß Victor. Er flüstert mir einige Erklärungen zu. Vor fünf Tagen, als er gerade dabei war, mit seinem Bruder ein Versteck auf dem Dachboden zu bauen, sind die Mörder zu ihm nach Hause gekommen und haben Célia, das Baby und das Dienstmädchen umgebracht. Auf der Flucht hat Victor dann Laurent, einen seiner Kollegen getroffen, der ihm geraten hat, sich bei uns zu verstecken. Um uns nicht in Schwierigkeiten zu bringen, hat er es nicht getan, sondern sich einen anderen Ort gesucht. Laurent aber gehörte zum gegnerischen Lager. Er hat geredet. Er hat uns verraten. Darum waren auch die Militärs, die zu uns kamen, felsenfest davon überzeugt, einen Mann in unserem Haus zu finden!

»Sobald ich einen sicheren Ort gefunden habe, komme ich dich holen«, tröstet mich Victor.

Dann verstummt er. Ganz abrupt. Man hört nur das Geräusch von splitternden, brechenden Knochen ... Entsetzt wird mir klar, dass man meinen Freund auf der anderen Seite der Tür zerstückelt. Alles Leben scheint aus mir zu weichen. Mama stirbt zum zweiten Mal. Adolphe und seine Frau kommen hereingestürzt, reißen die Tür auf und stoßen mich ins Dunkle, doch die Nachtwächter beachten mich nicht.

Das Mondlicht und die Petroleumlampe lassen die Klingen der Macheten aufblitzen, die auf das einschlagen, was am Boden von einem Mann übrig geblieben ist. In einer tausendfach erprobten Technik schlagen die Wächter abwechselnd zu.

Victor schrie nicht ... Doch plötzlich drang ein furchtbares Brüllen aus seinem Körper. Es war kein menschlicher Schrei, nicht das Winseln eines Tieres, es war der entsetzliche Ton des Grauens, eines unbekannten, endlosen Schmerzes.

Nicole hat verlangt, dass die Mörder ihre Beute weiter wegbringen, damit sich die Kinder nicht erschrecken. Sie haben Victor hinter die Gebäude geschleift und in ein Loch geworfen.

Noch spät in der Nacht hörte man die Schreie.

Es war das Einzige, was man hörte.

Seit Beginn des Genozids vernahm man dieses Gebrüll, sobald es dunkel wurde. Die Mörder zerstückelten ihre Opfer, ohne sie zu töten und warfen sie dann in Massengräber, damit sie dort langsam verenden. Und in diesem Moment kamen die Hunde, um sich über die Sterbenden herzumachen.

In dieser düsteren Nacht kehrten die Wächter an ihr Lagerfeuer zurück, ruhig und satt, wie sie waren, zufrieden mit ihrer Arbeit, die sie mit größter Gleichgültigkeit erledigt hatten.

Und wieder reichte mir Adolphe einen Eimer und Lappen ...

Das Gesetz des Überlebens

Als meine Schwester nach einem Monat zurückkam, lebte ich noch immer bei Adolphe. Ausgebeutet als Dienstmagd, schlief ich in der Küche. Ich zählte die Stunden nicht mehr, ich hatte längst aufgehört, die Tage zu zählen.

Ich beging meinen fünfzehnten Geburtstag während des Genozids. Ich dachte an Mama, die stets alles daran gesetzt hatte, uns jedes Jahr eine Überraschung zu bereiten ... Ich hatte nichts zu essen. Noch nie hatte ich mich so einsam und verlassen gefühlt. Dann tauchte Aline wieder in meinem Leben auf, und ich hätte mir kein schöneres Geschenk erhoffen können.

Im ersten Augenblick erkannte ich sie allerdings nicht. Sie, die mit ihren attraktiven Rundungen einst so hübsch und kokett gewesen war! Ihr Schädel war kahl rasiert, der Körper mit Verbänden bedeckt, das Gesicht geschwollen, ein Ohr abgeschnitten, schwarz vor Dreck und in einem Gewand steckend, das an einen Kartoffelsack erinnerte – so stand meine Schwester vor mir. War es wirklich Aline? Ich war misstrauisch. Dann sah ich ihre Finger. Meine Schwester hat ihre Nägel immer auf ganz spezielle Art geschnitten. Dieses Detail überzeugte mich. Wir fielen uns in die Arme, und sie erzählte mir alles ...

Am Samstag, den 30. April gegen Mittag hatten also die Milizen Aline, Chantal, Claudine und Aimé in den Wald verschleppt, um sie abzuschlachten. Meine Schwester bekam mehrere Schläge von Macheten und Stöcken an Kopf, Stirn und Hals ab. Claudine flehte ihre Mörder an, ihnen den Gnadenstoß zu geben. Die Soldaten lachten nur höhnisch. Dann wurde Aline ohnmächtig. Sie hielten sie für tot und ließen sie liegen.

Lange danach im Morgengrauen wachte sie auf und hörte das Geräusch eines Motors. Es war der Bagger, der die Leichen aufsammelte und in das Massengrab warf.

Aline blickte um sich. Neben ihr schlief unser kleiner Bruder. Sie berührte ihn. Er war kalt. Etwas weiter auf dem Weg lagen unsere Cousinen. Claudine zuckte, war noch nicht tot. Aline nahm sie in die Arme, kurz bevor sie aufhörte zu zittern. Es war vorbei ...

Das Motorengeräusch kam näher. Um zu entkommen, robbte Aline davon. Dann stand sie auf und lief und lief, mindestens eine Woche lang. Mehrmals versuchte sie, Freunde wieder zu finden, Leute, die wir kannten, doch die schickten sie fort oder verrieten sie, damit andere ihr nachgingen und sie umbrachten. Einer ihrer Verfolger hat ihr mit der Machete das Ohr abgeschnitten.

Schließlich kam Aline bei früheren Nachbarn unter. Sie waren die Einzigen, die bereit waren, ihr zu helfen ...

Wegen ihres kritischen Zustands übergaben sie Aline dem Roten Kreuz, denn sie musste dringend behandelt werden.

Zu Beginn unseres Wiedersehens war ich wachsamer denn je. Wir mussten wirklich mit aller Kraft kämpfen, durften nicht nachgeben. Und das war umso schwieriger, als meine Schwester völlig matt und kraftlos war.

Das brachte mich zunächst zur Verzweiflung. Nachts schlief sie, und ich war außer mir: »Aline, machst du dich über mich lustig! Du kannst doch jetzt nicht einfach schlafen! Was soll geschehen, wenn wir plötzlich hier weg müssen?«

Aber es war unmöglich, sie zu wecken. Sie schlief Tag und Nacht. Und ich lief umher, lauschte, beobachtete, hielt Wache ... Ich arbeitete weiter im Haushalt von Adolphe und umsorgte gleichzeitig meine Schwester, wusch sie, wechselte täglich ihre Kleidung, versorgte ihre Verletzungen, damit sie sich nicht entzündeten. Und immer, immer versuchte ich, wach zu bleiben. Das war meine Art von Widerstand.

Mitte Juni richteten die Behörden ein Waisenhaus im Schulgebäude ein, eine Art »zentrales Auffanglager« für die wachsende Zahl elternloser Kinder sowie für diejenigen, die aus anderen Waisenhäusern gekommen waren und deren Eltern sich ihrer entledigt hatten. Wir waren im Krieg ...

Die Kämpfe zwischen der FPR und der Regierung wurden heftiger. Die Tutsi-Rebellen versuchten, weiter vorzudringen, um den Genozid zu beenden.

Sobald das Waisenhaus eingerichtet war, bat ich, den Direktor, er hieß Gaspard, sprechen zu dürfen. Ich flehte ihn an, Aline und mich aufzunehmen. Doch man durfte nicht älter als zwölf sein. Wir haben lange diskutiert. Ich ließ nicht locker. Schließlich sagte er: »Also gut! Ich trage dich als Angestellte ein. Du kümmerst dich um die anderen Kinder. Sollte das Haus eines Tages evakuiert werden, nehmen wir dich und deine verletzte Schwester als Personal mit.«

Überglücklich machte ich mich sofort an die Arbeit. Ich hatte mich um etwa zwölf Kinder im Alter von zwei, drei Jahren zu kümmern, die schon laufen konnten. Bald aber überließ man mir einen Säugling, den man am Straßenrand gefunden hatte, während er verzweifelt versuchte, an der Brust seiner toten Mutter zu trinken. Der Soldat, der ihn uns gebracht hatte, ein sehr gläubiger Mann, hatte sich gegen den Sarkasmus seiner Kameraden durchgesetzt.

»Na los«, hatten sie gesagt. »Entweder du bringst ihn auf der Stelle weg, oder wir töten ihn. Ein Tutsi-Junge ist gefährlich für die Zukunft.«

Es war ein süßes Baby, um die sieben Monate alt, das ich Jo taufte. Der Junge hatte große, leblose Augen. Als man ihn mir anvertraute, weinte er nicht und beklagte sich nicht. Ich hatte den Eindruck, dass etwas mit ihm nicht stimmte, denn er hatte Tränen in den Augen. Ich sah die Tränen, die flossen, ohne dass er einen Laut von sich gab. Auch wenn ich ihn kitzelte, lachte er nicht. Sobald sich ihm Männer näherten, zuckte er zusammen und klammerte sich an mich wie ein Ertrinkender an einen Rettungsring.

Nach ein paar Tagen – ich hatte ihn ständig bei mir, trug ihn auf dem Rücken und behandelte ihn wie einst meinen kleinen Bruder – begann er sich zu entspannen und wieder lebendig zu werden.

Es war herrlich! Endlich war ich zu etwas nütze, konnte wenigstens für jemanden da sein. Natürlich kümmerte ich mich schon um meine Schwester, aber mit Jo war es noch intensiver. Ich hatte das Gefühl, wenn ich weiter durchhielte, hätte dieses Baby ein langes Leben. Es war noch so jung ... Es war wirklich das Beste, was mir während der Zeit des Genozids widerfahren ist.

Trotzdem blieb ich auf der Hut. Ich passte ständig auf, dass Aline nicht das Schulgebäude verließ, nicht einmal die Küche. Die Machetenhiebe hatten allzu sichtbare Spuren hinterlassen. Wir durften keinen Verdacht erregen. Ich selbst konnte das Blaue vom Himmel herunterlügen, sie dagegen nicht. Ihre Geschichte stand ihr buchstäblich ins Gesicht geschrieben, und wir mussten sie verstecken.

ADOLPHE GEGENÜBER WAR ICH ausreichend beflissen, um nicht hinausgeworfen zu werden. »Wenn die Sache mit der Evakuierung des Waisenhauses nicht klappt«, kalkulierte ich, »können wir immer noch hier bleiben.« Das Wichtigste waren mir Aline und das Baby. Um nichts in der Welt hätte ich sie einer Gefahr ausgesetzt.

Die Massaker hatten am 7. April in Kigali, am 18. in Butare begonnen. Meine Mutter war am 30. desselben Monats gestorben, und meine Schwester kam Ende Mai zurück. Das Waisenhaus war Anfang Juni eingerichtet worden. Am 3. Juli sollten wir evakuiert und die Massaker tags darauf eingestellt werden ...

Jo war drei Wochen unter meiner Obhut. Die Liebe zwischen uns aber war so groß, dass es mir vorkam, als wären es Jahre gewesen.

Vor unserer Evakuierung sprach ich sehr oft mit Monsieur Gaspard. Er durfte unter keinen Umständen sein Versprechen vergessen.

Eines Tages schließlich, als man die Bomben in der Nähe detonieren hörte und die Kampfeinheiten immer näher rückten, rief mich der Direktor zu sich.

»Bereite dich vor! Und sei heute Nacht besonders wachsam. (Er wusste, dass ich im anderen Gebäude schlief.) Wir könnten von einem Moment zum anderen aufbrechen.«

Doch ich hatte meine Meinung geändert.

»Ich bleibe hier«, erwiderte ich. »Jetzt, da die FPR kommt, habe ich nichts mehr zu befürchten. Solange ich nicht sicher bin, dass man uns nicht an den Straßensperren rauswirft, rühre ich mich nicht vom Fleck ...«

Er warnte mich, dass wir keine andere Wahl hätten. Ob wir wollten oder nicht, würden uns die Soldaten von hier vertreiben.

Am nächsten Morgen in aller Frühe bestätigte er mir die Nachricht.

»Wir brechen in Kürze auf. Sobald du die Busse siehst, müsst ihr kommen.«

Ich bereitete Aline vor und schärfte ihr immer wieder ein: »Wenn die Busse eintreffen, nimmst du das Baby und kommst heraus. Ich muss noch einmal mit dem Direktor des Waisenhauses sprechen.«

Alles läuft wie geplant. Noch immer misstrauisch stürze ich mich auf Monsieur Gaspard.

»Zeigen Sie mir Ihre Listen! Ich will unsere Namen auf dem Papier sehen!«

Obwohl er sehr beschäftigt ist, gibt er meinem Drängen nach. Uff! Ich bin beruhigt und steige in den Bus. Aline winkt mir zu. Sie sitzt schon auf ihrem Platz. Ich gehe zu ihr und bemerke plötzlich, dass sie das Baby vergessen hat!

Ich sprinte zurück ... Am Boden sitzend, spielt Jo mit einer Rolle Klopapier. Ich schnappe ihn mir und renne los. Keine Sekunde länger dürfen wir an diesem Unglücksort bleiben. Ich kann nicht mehr. Jo auf dem Arm, überquere ich stolpernd den Hof und klettere in den Bus, ohne mich umzusehen.

Der Konvoi setzt sich kurz darauf in Bewegung ...

Es ist das erste Mal seit drei Monaten, dass ich das Schulgelände verlasse. Und es ist schrecklich! Ich erkenne die Stadt nicht wieder, diese Stadt, in der ich so viele glückliche Tage verbracht habe. In den Straßen von Butare ist kein Leben mehr. Rechts und links sieht man nichts als Leichen, vergewaltigte Mädchen mit hochgeschobenen Röcken. An jeder der vielen Sperren hält man uns an und befiehlt uns auszusteigen. Jedes Mal muss neu verhandelt werden ...

Der Konvoi wird von französischen weißen Militärs angeführt. Ich sehe sie nur flüchtig. Ich höre nicht, was im Radio gesagt wird, niemand spricht mit mir. Also erfahre ich erst später, was geschieht. Damals gaben die Franzosen bekannt, eine humanitäre Aktion in Ruanda zu organisieren, die so genannte *Opération Turquoise* – die Einrichtung einer angeblich neutralen Schutzzone für die Flüchtlinge. In Wirklichkeit handelte es sich aber nicht nur um eine humanitäre Aktion. Für Frankreich, seit jeher ein großer Freund der Hutu, ist dies nur ein Vorwand, um der Regierung zu helfen und die Mörder des Genozids herauszuschleusen. Es ist unmöglich, alle Geheimnisse der Geschichte zu lüften und herauszufinden, was die einen oder anderen zu verbergen suchen.

Wie auch immer, diese Soldaten evakuieren nun auch uns und begleiten uns außer Landes ...

Normalerweise braucht man höchstens eine Dreiviertelstunde, um von Butare bis zur burundischen Grenze zu gelangen, an jenem Tag dauert es etwa zehn Stunden. Wir werden unentwegt kontrolliert. Ich zähle unterwegs zehn Busse, unendlich viele Kleinlaster, Minibusse und Sammeltaxen, alle hoffnungslos überfüllt. Wir sind Hunderte und Aberhunderte von Kindern.

Bis zur Grenze scheint die Zeit nicht vergehen zu

wollen. Pures Grauen säumt die Straße. Überall am Wegesrand verwesende Leichen, Menschen, aufgereiht am Boden liegend, die darauf warten, ebenfalls getötet zu werden. Die Milizen, die an den Sperren Wache stehen, haben ihnen befohlen, sich dort Seite an Seite hinzulegen – ganze Familien, sauber aufgereiht wie Holzstücke, um leichter zerhackt werden zu können. Der Geruch ist unbeschreiblich, es stinkt nach Aas. Wir fahren an einem kilometerlangen Massengrab vorbei. Wir atmen nichts als stinkenden Staub. Kein frischer Windhauch in der glühenden Hitze. Der Tod erstickt uns.

Zwischen dem 6. April und dem 4. Juli, innerhalb von neunzig Tagen also, werden offiziell zwischen achthunderttausend und einer Million Opfer gezählt ... Doch es werden nur die Toten gezählt. Nicht erwähnt werden die Verkrüppelten, die Traumatisierten, die Alleingelassenen, die sich nie mehr von diesem Horror erholen werden, die siebzig Prozent Frauen, die überlebenden Mädchen, die nach Vergewaltigungen aidsinfiziert sind. Ja, man zählt die Toten und in einer Politik der Verschleierung unterschlägt man die Überlebenden.

Meter für Meter entferne ich mich auf dieser Straße von dem Albtraum. Ich fliehe, doch ich weiß, er wird mich verfolgen. Selbst wenn ich einmal fünfundsiebzig Jahre alt werden sollte, wird er noch an meiner Haut kleben. Ich habe den Eindruck, mich nie mehr von dem

Gefühl befreien zu können, dass mein Kopf jede Sekunde explodieren kann. Heute sage ich mir, dass es mir vielleicht eines Tages doch gelingen wird.

Aber während dieser Wartezeit muss ich mich an die Hoffnung klammern. Es ist beängstigend. Wird dieses Gewicht ein Leben lang auf mir lasten? Ich stelle mir Fragen. Warum ich? Warum bin ich nicht tot? Überall, egal ob in Nyamata, der Sumpflandschaft, die von Jean Hatzfeld so treffend beschrieben wird, oder anderswo haben die Flüchtlinge Tage, ja Wochen im Schlamm unter dem Papyrus verbracht. Eine alte Frau erzählte sogar, ihre Füße wären von Würmern zerfressen gewesen ... Meine Schwester, die nicht im Sumpf gewesen war, verfaulte und stank auf zehn Meter Entfernung nach Eiter ... Ich habe all das nicht erleben müssen. Deshalb verfolgen mich schreckliche Schuldgefühle. Ich bin unversehrt davongekommen, ohne auch nur einen Schlag einzustecken. Warum? Es gibt keine Antwort auf diese Frage.

Auf dem Weg ins Exil, der mich vom Ort der Tragödie entfernt, bleibt mir nichts anderes, als Bilanz zu ziehen. Als Gegengewicht zu Hass, Groll und Unverständnis habe ich nur die Erinnerung an meine Mutter. Für sie, damit ihr Tod nicht umsonst war, müssen Aline und ich es schaffen. Wir müssen die Kraft finden zu überleben. Damit das Leben über das Nichts siegen kann. Aber dazu braucht man viel Kraft ... Und die habe ich zum Glück. Trotzdem hätte ich niemals geglaubt, dass es so schwer werden würde.

Nachdem wir kilometerlang an Leichen vorbeigefahren sind, gelangen wir endlich an die Grenze. Unsere Militäreskorte fährt in die *Zone Turquoise* zurück. Wir werden aufgefordert, in Wagen umzusteigen, die uns nach Bujumbura, die Hauptstadt von Burundi, bringen.

Der Fluss am Wegesrand ist voller aufgedunsener Leichen, die Bananenschalen ähneln. Das Wasser macht das ganze Schauspiel nur noch schrecklicher. Die Toten sind keine Skelette, sondern aufgequollene Leiber.

Auch in Burundi gibt es Straßensperren. Sie werden zumeist von Tutsi kontrolliert, aber zu ihren Füßen liegen keine Toten.

Jeder Stopp ist jedoch mit langwierigen Verhandlungen verbunden. Sie fragen uns nach dem Grund unserer Flucht und durchsuchen unser Fahrzeug genau. Sie wollen wissen, ob wir Waffen transportieren. Die Kontrollen nehmen viel Zeit in Anspruch. Um drei Uhr morgens erreichen wir schließlich die Hauptstadt.

Dort erhalten wir ein Lunchpaket mit Salzgebäck, wenig geeignet für Kinder, die seit drei Monaten nichts gegessen haben ... Niemand von uns rührt es an. Wir haben keinen Hunger. Wir verstauen das Essen wieder in den Schachteln und legen uns hin. Es ist das erste Mal seit drei Monaten, dass ich halbwegs normal schlafe.

Mittags schrecke ich hoch, mein Baby ist verschwunden. Völlig hysterisch mache ich mich auf die Suche, ich schreie, ich rufe nach ihm ... Man beruhigt mich und erklärt mir den Grund. Da es in der Ebene von Bujumbura extrem heiß ist, leiden die Kinder oft an Darmerkrankungen; Jo ist da keine Ausnahme, er hat heftigen Durchfall und wird in der Krankenabteilung behandelt.

Etwas später ruft mich Monsieur Gaspard, der Direktor des Waisenhauses, zu sich, um mich zur Vernunft zu bringen.

»Hör zu«, sagt er. »Dies ist eine schwierige Situation. Du bist selbst noch ein Kind. Du kannst dich nicht ewig um deinen Jo kümmern. Wir müssen eine Familie für ihn finden. Jeder von euch muss seinen Weg gehen ... Viele Frauen wollen ihn adoptieren. Besser du weißt nicht, wo er hinkommt ... Gib ihm diese Chance.«

Die Umstände zwangen mich, dem zuzustimmen und den Kleinen, den ich so liebte, habe ich nie wieder gesehen.

Ich verbrachte zwei Nächte mit Aline in einer Halle auf einem Lager aus Plastiksäcken. Dann tauchte eine angebliche Tante auf, die in Burundi im Exil lebte und uns bei sich aufnehmen wollte. Sehr schnell aber begriffen wir, dass sie nicht im Vollbesitz ihrer geistigen Kräfte war und es nur auf unser Erbe abgesehen hatte. Drei Tage verbrachten wir bei ihr. Drei Tage, im Laufe derer sie Aline überredete, mit ihr nach Ruanda zurückzukehren und eine Bestandsaufnahme unseres Hauses zu machen. Wie ich schon sagte, waren die Massaker inzwischen eingestellt worden. Doch ich lehnte kategorisch ab. Aline hingegen begleitete die Tante trotz ihrer Verletzungen. Sie fuhr den von Leichen gesäumten Weg noch einmal in umgekehrter Richtung.

Dank meiner Schwester haben wir so die Familienfotos zurückbekommen, die uns bis heute erhalten geblieben sind.

Während ihrer Abwesenheit stellte ich verschiedene Nachforschungen an und sprach mit vielen Menschen. Ich hoffte, meine beste Freundin Natacha wieder zu finden. So erfuhr ihre Mutter, dass ich noch am Leben war, und holte mich ab. Ihre Familie hatte ein großes schönes Haus gemietet. Der Vater arbeitete auf dem Land bei der Organisation »Ärzte ohne Grenzen«. Zusammen entwickelten wir eine Strategie, um Aline aus den Klauen der Frau zu befreien, die wir »die verrückte Tante« getauft hatten.

Natachas Mutter sorgte dafür, dass ich einen Pass bekam. Fortan hatte ich eine Identität. Und diese liebenswerte Dame, die uns unbedingt weitere Schwierigkeiten ersparen wollte, setzte sich dafür ein, dass wir nach Europa kamen.

Die Lage in Burundi wurde immer komplizierter. Das Land machte eine schwere politische Krise durch. Es gab Tage, an denen eine vollkommene Ausgangssperre verhängt war. Wer nicht gehorchte und sich erwischen ließ, wurde getötet ...

Schließlich gelangte auch Aline zu uns. Es gab eine letzte Szene seitens unserer falschen Verwandten, doch Natachas Mama war sofort zur Stelle und regelte das Problem. Dann begleitete uns die ganze Familie – Vater, Mutter und Kinder – zum Flughafen. Wir nahmen ein Flugzeug nach Frankreich.

Diese großartige Familie lebte noch eine Zeit lang in

Burundi und siedelte dann nach Mosambik über. 2001 ließ sie sich schließlich in Belgien nieder, wo ich Natacha wieder getroffen habe. Seither sind wir beide unzertrennlich. Sie ist für mich wie eine Schwester. Doch das ist eine andere Geschichte ...

IN PARIS ERWARTETE UNS GLORIOSE, die jüngere Schwester meiner Mutter, die einem Orden beigetreten war.

Nach diesen Monaten des Grauens glaubte ich, dass mir das Leben keine bösen Überraschungen mehr bereiten könnte, dass ich meinen Anteil an Leid schon erschöpft hatte. Ich glaubte sogar, dass es nichts mehr für mich zu entdecken gäbe. Erstaunlicherweise blieb mir noch ein wenig Hoffnung ... Ich ahnte nicht, wie schnell sie enttäuscht werden würde.

ZWEITER TEIL

Die gedemütigte Jugendliche

Der Abgrund

FÜNFZEHN JAHRE ALT, schlank und langbeinig, was mir den Beinamen Antilope oder Gazelle eingebracht hatte – so kam ich am Flughafen Charles de Gaulle in Paris an.

Doch trotz dieses Alters und allem, was ich erlebt hatte, war ich noch immer recht kindlich. Ich betrachtete diese fremde Umgebung, die man mir als Gelobtes Land beschrieben hatte, mit große Augen.

Schockiert, erstaunt, verloren, wie betäubt folgte ich meiner Schwester Aline und meiner Tante Gloriose zum Zoll. Alles schien mir zu groß, kalt, unpersönlich, laut und überfüllt!

Ich kannte weder die Sprache noch die Sitten und Gebräuche des Landes, hatte keine präzisen Vorstellungen und war doch verwirrt von jeder Kleinigkeit. Ich nahm den städtischen Lärm wahr, das einheitliche Aussehen und die undurchdringlichen Mienen der vorbeihastenden Passanten. All dieses Treiben machte mir Angst, es verschlang mich förmlich. Aber ich sagte nichts. Ich wollte nicht auffallen. Ich, die jungfräuliche Afrikanerin, wollte einen guten Eindruck machen. Es war wichtig, dass diejenigen, die mich aufnehmen würden, auch den Wunsch hätten, mich bei sich zu behalten, damit ich nie wieder dorthin zurückmüsste, wo ich herkam.

Den ersten Tag verbrachten Aline und ich mit Gloriose. Zu dieser Zeit war unsere Tante Nonne in jenem Orden, für den Mutter vor dem Genozid gearbeitet hatte. Also trafen wir auf einige bekannte Gesichter. Es war auch die Person darunter, die uns im schlimmsten Augenblick den Rücken gekehrt hatte. Wir taten so, als wäre nichts gewesen. Wir wollten Gloriose nicht in eine unangenehme Situation bringen. Außerdem hatte sich diese religiöse Organisation bereit erklärt, für uns die Bürgschaft und die Verantwortung zu übernehmen.

Früh am nächsten Morgen brachte man uns in den Pariser Vorort Maisons-Laffitte zu einer Gastfamilie, der wir zugewiesen worden waren. Es waren ruandische Hutu: Raymond, Pastor, war zweiunddreißig Jahre alt, seine Frau Estelle achtundzwanzig.

Wir kannten sie und ihre mittlerweile zweijährige Tochter schon, denn sie hatten vor den Unruhen wie wir in Ngoma gewohnt. Raymond war die meiste Zeit unterwegs, um die Hutu zu missionieren, die sich bei einem der heftigsten FPR-Angriffe in Auffanglager geflüchtet hatten. Man bezeichnete diese Menschen, die in großer Zahl in andere Regionen Ruandas geflohen waren, als »Umsiedler« ...

Als wir im August 1994 in Paris eintrafen, hielt sich Raymond, noch immer in gleicher Mission, in Ruanda auf. Estelle nahm uns sofort in ihre Obhut und spendete uns Trost.

Nachdem wir einen Monat im glühend heißen Burundi verbracht hatten, schien uns das Klima hier kalt. Wir waren völlig orientierungslos. In Afrika geht die Sonne morgens um sechs Uhr auf und abends um sechs unter. In Frankreich wird es um vier Uhr hell und abends um zehn dunkel. Da ich einen so ganz anderen Tagesrhythmus gewöhnt war, fand ich anfangs keinen Schlaf.

Manchmal gingen wir mit Estelle spazieren, um uns mit unserem Viertel vertraut zu machen, aber meistens blieben wir lieber in der Wohnung, die sehr gemütlich war.

Ich spürte, dass mich Estelle verstand. Sie sah in mir eher eine Freundin als eine kleine Schwester. Wir hatten ein gutes Verhältnis zueinander und der Altersunterschied zählte nicht. Aline und ich vertrauten ihr unsere Eindrücke an, und sie erklärte uns, wie man sich in der Großstadt zu verhalten hatte.

Bald ging sie mit uns zu den entsprechenden Behörden, um Flüchtlingspapiere zu beantragen, die unsere Situation legalisieren und uns den Schulbesuch ermöglichen sollten. Das war mühsam ... Wir mussten zur Krankenkasse, zu diesem und jenem Amt. Estelle übersetzte, was die Verwaltungsangestellten von uns wissen wollten. Ich befand mich in einer Art Schwebezustand und begriff nichts. Aline war noch immer in jener Lethargie versunken, aus der sie seit unserem Wiedersehen nicht erwacht war.

Als ich im September wieder einem normalen Alltagsrhythmus folgen musste, verflog meine scheinbare Gelassenheit. In den drei vergangenen Monaten hatte ich in einer ebenso grausamen wie surrealen Atmosphäre handeln, reagieren, um mein Überleben und das von Aline und dem Baby kämpfen müssen ... Und plötzlich sollte ich morgens das Haus verlassen, um zur Schule zu gehen, mich einer völlig fremden Welt stellen ...

Es war ein jähes Erwachen. Mir wurde bewusst, dass mein vorheriges Leben definitiv vorbei und vernichtet war. Eine neue Routine setzte ein. Ohne dass wir gefragt oder vorbereitet worden wären, hatten die Dinge überstürzt ihren Lauf genommen ...

In der Klasse, in der ich eingestuft wurde, verstand ich nichts. Absolut nichts. Kein Wort. Aline kam besser klar, sie hatte bereits die Grundlagen der französischen Sprache gelernt. Das war bei mir nicht der Fall gewesen. Und wollte ich mich überhaupt anpassen?

Wenn ich heute daran denke, muss ich schmunzeln. Zum ersten Mal hatte ich es mit so vielen Weißen zu tun. In Ruanda lebten die Europäer unter sich, und so traf ich alle Jubeljahre einen Weißen. Hier dagegen war ich umzingelt! In meiner Klasse, in der Schule, auf der Straße – überall fiel mein Blick nur auf Weiße, Weiße und wieder Weiße. Ich war verloren. Ich sah Blonde, Rothaarige, Dunkelhaarige, die mich mit ihren grünen oder blauen Augen ansahen. Ich sagte mir: »Menschen mit Katzenaugen, das gibt es doch gar nicht!« Und sie sahen alle gleich aus!

Wenn ich aus der Schule kam, sagte ich zu Estelle: »Ich glaube, ich träume, diese Leute sind ja alle krank!«

Sie lachte schallend: »Aber nein, es geht ihnen sehr gut!«

Ich beharrte: »Nein, sie sehen nicht gesund aus. Und es ist unmöglich, sie auseinander zu halten!«

Estelle wusste nicht, wie sie es mir erklären sollte, doch es brachte sie zum Lachen. Sie gab mir nicht nur Zärtlichkeit, sondern versuchte durch ihre ansteckende Fröhlichkeit, auch meine Ängste zu zerstreuen. Oft sagte sie zu mir, dass ich Talent habe, es nur pflegen müsse. Dennoch halfen mir solche weisen Ratschläge bei der Rückkehr in die so genannte Normalität nicht. In der Schule war es schwer, mich von meiner Niedergeschlagenheit zu befreien.

Selbst das Mädchen, das ich mir als Freundin ausgesucht hatte, eine sehr nette Blondine mit blauen Augen, konnte ich nur mit Mühe von den anderen unterscheiden. Ich war immer lange vor Schulbeginn da und wartete im Hof darauf, dass man mich holte. Die Flure, der Unterrichtsablauf, die Tatsache, dass man nach jeder Stunde das Klassenzimmer wechseln musste – all das war mir unverständlich.

Wenn ich morgens eintraf, war ich verloren und stellte mich an einen Pfeiler. Aus Angst, mich von diesem Orientierungspunkt zu entfernen und zu verirren, wollte ich nicht mit den anderen spielen ... Dann gingen wir in die Klasse. Alle redeten so schnell. Ich saß in der letzten Bankreihe und wohnte einem Schauspiel bei, von dem ich kein einziges Wort verstand. Ich hatte das Gefühl, meine Persönlichkeit sei gespalten. Ich sah mich wie von außen, wie ich in dieser Klasse zwischen all den Bleichgesichtern saß und nichts vom Tag erwartete.

Wenn die Lehrer die Schüler zur Anwesenheitskontrolle aufriefen, meldete ich mich nicht, denn sie sprachen meinen Namen nie richtig aus: »Katétési«, sagten sie meistens.

Ich reagierte nicht. Man hatte mich immer Zouzou genannt. Und eine Anwesenheitskontrolle gab es bei uns auch nicht. Ich hatte also keinen Grund zu antworten. Jedes Mal fragte ich mich: »Wer ist das bloß, der sich da nicht meldet?« Nach einiger Zeit sagte ich mir dann: »Vielleicht bin ich es ja!«, und ich hob die Hand. Auf dieser Schule gelang es mir nie, sofort zu reagieren, wenn ich aufgerufen wurde.

Ich erinnere mich an einen der ersten Tage ... Alle Schüler gingen auf den Flur hinaus und stellten sich vor einem Büro an. Ich folgte ihnen. Man musste seine Schulbücher abholen. Also tat ich es auch. Abends ließ ich sie im Klassenzimmer liegen und ging nach Hause. Der Lehrer versuchte mir zu erklären, dass ich meine Bücher nicht einfach so liegen lassen darf, dass ich sie mitnehmen und am Jahresende wieder abgeben muss. Ich nickte und ging mit leeren Händen.

Zu Hause fragte mich Estelle: »Hast du keine Bücher bekommen?«

»Doch, natürlich.«

»Und wo sind sie?«

»In der Schule! Ich nehme sie doch nicht einfach mit, sie gehören mir ja nicht.«

Es dauerte Wochen, bis ich überzeugt war.

Ich konnte mich einfach nicht eingewöhnen. Wenn

ich aus der Schule kam, erzählte ich alles. Ich fand alles befremdlich, ich weinte, ich wollte nicht mehr hingehen. Meine Schwester dagegen kam voran, ohne viele Worte zu verlieren. Bei ihr lief augenscheinlich alles recht gut. Sie ging zur Schule und kam nach Hause zurück – völlig gleichgültig, ohne den geringsten Kommentar.

Um diese barbarische Sprache zu erlernen – so kam mir das Französische damals vor –, sah ich mir täglich eine Vorabendserie an. Ich lauschte den einfachen Dialogen und versuchte, mir die Intonation einzuprägen.

Auch hörte ich viel Radio und lernte die sich ständig wiederholenden Lieder von *Radio Nostalgie* auswendig. Ich übte, indem ich versuchte, die Worte zu verstehen und die Aussprache nachzuahmen, denn in Ruanda sprechen wir zum Beispiel kein »r«. Und wie immer las ich viel. Bei diesem Training war ich Ende Dezember so weit, dass ich verstand, was man mir sagte, auch wenn ich noch einige Mühe hatte, mich auszudrücken.

DOCH BEVOR ICH DIESEN Fortschritt machte, während der Anpassungszeit an unser neues Leben, litt ich unter ernsthaften Störungen. Wenn ich auf der Straße ging, sah ich plötzlich Blut, sah meine Mutter am Boden liegen. Es war grauenhaft.

Eines Nachts erwachte ich nach einem grässlichen Albtraum. Ich weinte und weinte und konnte nicht mehr aufhören. Um mich zu beruhigen, ließ mich Estelle in ihrem Bett schlafen. Doch meine Wahnvorstellungen hörten nicht auf. Und jedes Mal nahm sie mich zu sich. Das tat mir gut. Es tröstete mich wie damals, als ich mich nach Papas Tod an meine Mutter und meinen Bruder geschmiegt hatte. Ein wenig zumindest ... Estelle war sehr aufmerksam und versuchte ständig, mich zum Lachen zu bringen, um mich meinen düsteren Gedanken zu entreißen.

Anfang Oktober aber kam Raymond zurück. Er hatte genug gepredigt. »Für eine Zeit auf alle Fälle«, erklärte er. Er wollte seine Doktorarbeit in Theologie beenden. Doch das war nur ein Vorwand, um zu Hause zu bleiben.

Vom ersten Tag an hat er sich mir gegenüber nicht normal verhalten. Wenn er mir zum Beispiel einen Begrüßungskuss gab, wurde er aufdringlich und dreist. Keine Spur von Freundlichkeit. Er nutzte die Umarmung als Vorwand, um mich an sich zu ziehen. In seinen Augen las ich Boshaftigkeit. Das war nicht natürlich, sondern berechnend. Vom ersten Augenblick an bedrängte er mich und folgte mir überallhin. Schnell begriff ich, dass es sich um sexuelle Belästigung handelte.

Mehrmals hat er versucht, mich zu missbrauchen. Er drohte mir, wenn ich ihn verriete, würde er Aline und mich ins Waisenhaus schicken.

Er kannte genau die Tragweite dieser Drohung. Ich habe geschwiegen und versucht, ihm aus dem Weg zu gehen. Doch seine Aufdringlichkeit ging weiter. Sobald wir alleine waren, lief er nackt in seinem braunen Frotteebademantel herum und wurde zudringlich.

138

Ich hatte noch mit keinem Mann geschlafen und noch nicht mal einen nackt gesehen. Und ich wusste auch nicht, was es heißt, mit einem Mann zu schlafen. In Ruanda ist man eher schamhaft und kann sich nicht einmal von seinen Eltern vorstellen, dass sie eine sexuelle Beziehung haben. Wir wurden nicht aufgeklärt. Das Thema war tabu. Meine Mutter begnügte sich damit, uns zu raten, die Jungen »auf Abstand« zu halten. Raymonds Benehmen versetzte mich in Panik.

Je mehr Vorwände ich fand, mich nicht zu Hause aufhalten zu müssen, desto abscheulicher wurde er. Ich wusste nicht, mit wem ich darüber hätte sprechen können.

Irgendwann wurde er dann aggressiv. Manchmal verbot er mir sogar, am Tisch zu essen, weil er behauptete, ich sei unverschämt. Estelle glaubte, er wolle seine Autorität als Familienoberhaupt durchsetzen. Sie meinte sogar, er sei in gewisser Weise eifersüchtig auf unsere gute Beziehung.

An einem schulfreien Mittwochnachmittag hat er mich gepackt. Er hielt mir die gekreuzten Arme über dem Kopf fest und versuchte, meine Hose aufzuknöpfen. Ich schrie und weinte ...

Glücklicherweise klingelte in diesem Augenblick der Hausbesitzer an der Tür. Raymond ließ mich los. Halb ausgezogen und mit wirrem Haar lief ich zur Tür. Der Mann sagte: »Aber was ist denn los?«

Gedemütigt und außer Stande, auf Französisch zu antworten, floh ich für Stunden aus dem Haus.

Kurz darauf vertraute ich mich Aline an. Meine Schwester riet mir zur Vorsicht: »Geh ihm aus dem Weg! Wir haben keine andere Wahl, wir können nichts tun.«

Aber jetzt wusste sie es wenigstens. Sie tat ihr Möglichstes, um mich nicht mehr allein und schutzlos zu lassen. Sie zwang sich, mit mir fernzusehen, ging zur selben Zeit schlafen wie ich und machte auch sonst alles mit mir zusammen, um mich nicht im Stich zu lassen. So ging es von Oktober bis Dezember. Trotzdem hat er mich weiter bedrängt.

Es ist wichtig für mich, diese Vorkommnisse nicht zu verschweigen. Das nimmt mir vielleicht meine Schuldgefühle. Obwohl man mir unzählige Male das Gegenteil erklärt hat, fühle ich mich immer noch schuldig. Ich weiß nicht warum. Was man mir auch sagt, es ändert nichts. Ich bin die Schuldige.

Als ich versuchte, mich meiner Tante Gloriose anzuvertrauen, erklärte sie, sie könne nichts für mich tun. In den Weihnachtsferien, die wir mit ihr in der Normandie verbrachten, machte ich noch einmal einen Vorstoß, doch sie riet mir zur Geduld.

»Ich fahre nach Ruanda und komme im April zurück. Dann werden wir sehen. Vielleicht verbessert sich die Lage bis dahin ...«

Bis dahin ... Das kam gar nicht in Frage. Auf keinen Fall würde ich diesen Albtraum noch vier Monate ertragen. Unmöglich! Meine Tante hatte von einer Familie in Montpellier gesprochen, die gerne Kinder aufnehmen wollte ... Heimlich schrieb ich die Nummer aus ihrem Adressbuch ab. Als wir zurück in Paris waren, rief ich diese Familie an. Selbst mit meinem holprigen Französisch gelang es mir, mich verständlich zu machen. Sobald sie ihre Einwilligung gegeben hatten, rief ich die für uns zuständige Richterin an.

»Sie müssen uns einer anderen Familie zuweisen. Ich habe schon eine gefunden, die uns aufnehmen will.«

Die Richterin wollte mehr wissen. Ich wiederholte die Worte, die ich sorgfältig vorbereitet hatte: »Ich möchte, dass Sie uns in einer anderen Familie unterbringen. Bitte, Madame. Wir möchten weg.«

Auf alle Fragen wiederholte ich nur diese Worte. Ich hatte dem nichts hinzuzufügen und wollte auch nichts weiter erklären. Glücklicherweise war die Frau intelligent und verstand mich auch ohne viele Worte. Sie lud alle vor Gericht, die Familie und die Ordensoberinnen.

Raymond bekam einen Wutanfall ... Doch das machte die anderen nicht einmal stutzig. Ohne den Grund zu nennen, sagte ich nur immer wieder, dass es nicht mehr ginge. Die Nonnen, die für uns verantwortlich waren, behaupteten, dass es sich um eine Laune handele, dass ich mir wohl ein leichteres Leben bei den Weißen erhoffte und noch anderen Unsinn. Ich frage mich noch heute, warum sie Geistliche sind ...

Doch die Richterin blieb bei ihrer Entscheidung, mir Recht zu geben. Sie beschloss, eine Familie mit älteren Eltern sei in jedem Fall besser für uns.

In den zehn Tagen bis zur Bestätigung des Richterspruchs sprach niemand ein Wort mit mir. Die Nonnen drohten, uns in ein Waisenhaus zu stecken, und beschuldigten mich, »alles falsch gemacht« zu haben. Raymond versuchte mit allen Mitteln, eine Aussprache zwischen mir und seiner Frau zu verhindern. Aber ich fand trotzdem Gelegenheit. Estelle fiel aus allen Wolken: »Aber warum hast du mir denn nichts gesagt?«

»Du hast es nicht selbst bemerkt, also konnte ich auch nichts sagen«, antwortete ich.

Am 9. Januar 1995 wurde der Richterspruch rechtskräftig, und noch am selben Tag fuhren wir zu unserer neuen Pflegefamilie. Denise und ihr Mann Grégoire wohnten in Südfrankreich, in der Nähe von Montpellier.

Nachdem ich ein Jahr dort gewesen war, entschloss ich mich, Anzeige gegen Raymond zu erstatten. Inzwischen hatte ich die Nachrichten verfolgt. Sobald ich eine Geschichte hörte, die der meinen ähnlich war, sobald es um Vergewaltigung, Aggressionen gegen Frauen und sexuelle Belästigung ging, horchte ich auf. Ein Satz kam in allen Berichten vor: »Man darf es nicht verschweigen, man darf es nicht verschweigen!«

So gelangte ich langsam zu der Überzeugung, dass Raymond kein Recht zu solch einem Verhalten hatte und dass es entsprechende Gesetze gab. Eines Tages habe ich Denise von meinem Vorhaben informiert, aber sie murmelte nur: »Weißt du, jetzt ist es ja vorbei ...«

Doch ich ließ mich nicht davon abbringen. Sie gab es auf, mich umzustimmen und begleitete mich zur Polizei. Nachdem meine Anzeige aufgenommen worden war, wurde ich zu einer ärztlichen Untersuchung und einem psychologischen Gutachter geschickt. Meine Aussage wurde bestätigt.

Das Gesetz schreibt zwar vor, dass »Taten dieser Art« als Vergehen und nicht als Verbrechen einzustufen sind. Obwohl eigentlich der Strafrichter des Amtsgerichts zuständig gewesen wäre, wurde der Fall dennoch vom Untersuchungsrichter einem Landgericht übergeben.

Die Strafkammer des Landgerichts erklärte sich in dieser Sache erwartungsgemäß für nicht befugt. Der Angeschuldigte legte sofortige Beschwerde ein. Das Beschwerdegericht bestätigte die Unzuständigkeit des Landgerichts und die Zuständigkeit des Strafrichters.

Das Amtsgericht kam, ohne die Akten gründlich geprüft und mich, das Opfer, oder seinen Rechtsbeistand vorgeladen zu haben, zu dem Schluss, dass die Tat nicht bewiesen werden könne. Der Strafrichter beschloss die Einstellung des Verfahrens.

Zu Beginn des Prozesses hatte ich mich entschlossen, eine Anwältin zu nehmen, Madame Caty Richard, die mir eine unschätzbare Hilfe sein sollte. Sie hat nach dem Beschluss des Strafrichters diesen sofort angefochten. Schließlich hob das Beschwerdegericht die Entscheidung auf und übergab den Fall einer anderen Untersuchungskammer. Diesmal wurde Madame Richard angehört, und das Verfahren nahm seinen Lauf.

Wir warten jetzt auf die neue Verhandlung. Meine Anwältin weiß nicht, wann das sein wird, es könnte Jahre dauern.

Für Raymond hat sich nichts geändert, außer dass Estelle ihn verlassen hat. Diese Geschichte hat ihr letztlich die Augen geöffnet. Sie waren ja noch nicht lange verheiratet ... Er ist ein gut aussehender, viel versprechender junger Mann, dem als Pastor eine gewisse Karriere offen stand. Nach dem Gespräch bei der Richterin hat ihn Estelle um seine Version des Falles gebeten. Er antwortete ihr: »Ich möchte darüber nicht sprechen.« Angesichts dieser Reaktion kam Estelle zu dem Schluss, dass ich die Wahrheit gesagt hatte, und traf ihre Entscheidung. Bald darauf hat sie einen anständigen Mann kennen gelernt, und die beiden wollen heiraten. Ich habe wieder Kontakt mit ihr aufgenommen. Sie ist eine großartige Frau.

WIE GESAGT, ICH FÜHLTE MICH lange schuldig. Ich habe gelesen, dass es den meisten Betroffenen so geht. Immer wieder fragte ich mich: »Habe ich mich aufreizend verhalten?« Das scheint mir unmöglich. Ich war ein kleines Mädchen, das drei Monate lang nichts Richtiges gegessen und seine Mama verloren hatte. Ich hatte wirklich nichts Provozierendes.

Alle Opfer, auch die Überlebenden des Genozids, leiden unter solchen Schuldgefühlen. Und hätte ich ihn nicht angezeigt, hätte ich ihm in gewisser Weise Recht gegeben. Die Sache ist schwierig. Ich muss mir ständig wiederholen, dass er der Schuldige ist. Was mir passiert ist, kann auch anderen Mädchen passieren. Und darum ist es meine Pflicht, zu sprechen. Ich habe keine andere Wahl.

Heute würde ich mich schämen zu schweigen.

Wenn sich die Opfer dem nicht stellen, wird diese Aggression andere vernichten. Immer öfter höre ich solche Geschichten, Mädchen, die gestehen: »Ich bin früher sexuell missbraucht worden.« Meistens geht aus den Berichten hervor, dass der Junge nicht verstehen kann, dass seine Freundin sich ihm verweigert. Dann reicht eine Kleinigkeit, damit die Situation außer Kontrolle gerät und es zu einer Vergewaltigung kommt. Aber darüber muss man sprechen. Es muss öffentlich gemacht werden.

Doch das ist schwer. Es betrifft das Intimleben. Raymond hat mich beschmutzt und gedemütigt. Seine Berührungen, seine Belästigungen waren böse. Ich wollte es nicht. Aber in der ersten Zeit hatte ich keine Möglichkeit, mich zu wehren. Er tat mir jene Schande an, der ich beim Tod meiner Mutter entgangen war. Ich war schockiert, hilflos, verloren und grauenvoll ohnmächtig.

Damit es klar ist: Es war mein Körper.

Dieser Mann hatte kein Recht, mit ihm zu spielen.

Altersmäßig hätte er zwar nicht mein Vater sein können, doch er hatte sich bereit erklärt, die gesetzliche Verantwortung für mich zu übernehmen. Aber er sah mich nicht als Mensch. Das hat meine Anwältin unterstrichen: »Er hat Sie nicht als Person, sondern als Objekt gesehen.«

Und es stimmt. Aber kleine Mädchen sind kein Spielzeug. Man muss wirklich wachsam sein. Sollte ich einmal Töchter haben, werde ich sie lehren, Distanz zu wahren und sich Respekt zu verschaffen.

Ich spreche hier von Mädchen, aber für Jungen besteht dieselbe Gefahr. Jeder muss sich der Verantwortung für seinen Körper bewusst werden. Das muss man von Kind an lernen.

Allzu oft heißt es, ich hätte viel Kraft. Zugegeben, dieses abscheuliche Verhalten hat mein Leben nicht zerstört, doch noch heute beeinflusst es in bestimmter Weise meine Reaktionen. Ich habe diesen Mann angezeigt, weil er mir meine Würde genommen hat. Meine Intimität. Dazu hatte er kein Recht. Es war das Einzige, was unbeschadet geblieben war. Und er hat auch das zerstört. Das werfe ich ihm vor. Alles außer meiner Würde war ja schon vernichtet. Nur diese Reinheit hatte ich mir bewahren können.

Aber auch das blieb mir nicht erspart.

Man hat mich beschmutzt.

Der Preis der Würde

MONTPELLIER GEFIEL MIR auf Anhieb gut. Ich fand mich schnell zurecht und lebte mich problemlos ein. Die Menschen waren anders, warmherziger ... In dem Pariser Vorort hätte ich nie gewagt, allein spazieren zu gehen, ich fühlte mich viel zu fremd. Nur alle Lichtjahre sah man dort mal einen Schwarzen. In Montpellier dagegen konnte ich stundenlang herumlaufen. Die Bevölkerung ist bunt gemischt und Fremden gegenüber freundlich. Montpellier war toll, dort scheint oft die Sonne. Auf jeden Fall öfter als in Paris und Umgebung!

Grégoire, Finanzinspektor, und Denise, früher Lehrerin und jetzt Pflegemutter, waren um die fünfzig und hatten vier eigene Kinder: Dominique, der Älteste, war Wissenschaftler, Franck Rechtsanwalt, Catie Notariatsgehilfin und Julien, der Jüngste, war zwei Jahre älter als ich und der Einzige, der noch zu Hause wohnte.

Die Jungen, die alle nett zu uns waren, betrachteten Aline und mich sofort als Familienmitglieder. Catie dagegen war uns gegenüber anfangs nur gleichgültig, doch dann wurde sie sehr schnell gehässig. Sie krittelte dauernd an mir herum, warf mir meine Fehler in Französisch vor oder stichelte gegen mich, wie es manche Mädchen so perfekt beherrschen.

Die Eltern hatte eine Weile in Indien gelebt und etwa für zehn Jahre drei nette Hindus ein Zuhause gegeben: Luc, Marc und Andy, ein Mädchen, alle drei aus dem Waisenhaus von Kalkutta. Sie waren etwa im selben Alter wie ihre leiblichen Kinder und standen inzwischen auf eigenen Füßen.

Die beiden jungen Männer kamen häufig zu Besuch. Nicht aber Andy. Andy war ein Tabuthema, das man auf keinen Fall anschneiden durfte. Nur einmal, kurz nach unserer Ankunft, als Denise mich mit den Hausregeln vertraut machte, hatte sie gesagt: »Mach es vor allem nicht wie Andy!«

In meiner anfänglichen Begeisterung bin ich gar nicht auf diese Bemerkung eingegangen. Doch beim geringsten Fauxpas meinerseits wiederholte Denise: »Mach es nicht wie Andy!«

Ich hielt das eher für einen Scherz als für eine echte Warnung. Ich konnte ja nicht ahnen, welche Ausmaße das Problem eines Tages annehmen würde.

Zu all diesen Kindern kamen noch die vom Jugendamt betreuten Mädchen Barbara, Zaza und einige andere hinzu, um die sich Denise kümmerte.

Schon in den ersten Wochen lernten wir fast alle kennen. Der reine Wahnsinn! Unzählige Gesichter, die man sich einprägen, Namen, die man sich merken musste ... Ganze Menschenhorden schienen die Familie zu umgeben. Mir gefiel diese »stammesmäßige« Seite, dieses Kommen und Gehen.

Wenn am Wochenende die einen oder anderen noch ihren Freund oder ihre Freundin mitbrachten, war es wirklich eine heitere Runde. Sie zeigten uns das Freibad, das im Januar natürlich noch nicht geöffnet war, aber viel Spaß für die wärmeren Tage versprach ...

Und so beschloss ich, mir keine Fragen mehr zu stellen, der Depression den Rücken zu kehren, mich zusammenzunehmen, die letzten Katastrophen zu vergessen und entschlossen meinen neuen Weg zu gehen. Weiß oder Schwarz – ich beschäftigte mich nicht mehr mit Fragen der Hautfarbe, ich hatte mich daran gewöhnt. Alles war perfekt, wenn nur nicht mehr von Raymond die Rede war!

Betört von dem milderen Klima, ließ ich die düsteren Wolken und den Ärger hinter mir. Es gelang mir, unvoreingenommen zu sein. Die einzigen Zukunftsgedanken, die mir jetzt vielleicht kamen, waren positiv. Diese Familie machte einen guten Eindruck, und ich war entschlossen, mein Bestes zu geben, um mich zu integrieren und geliebt zu werden. Wir wohnten in einem großen Haus in der Nähe eines hübschen Dorfes, etwa dreißig Kilometer von Montpellier entfernt. Ich hoffte, hier ein neues Leben beginnen zu können, auch wenn es so ganz anders war als das gewohnte.

Gesellschaftlich gehörten Denise und Grégoire der Mittelschicht an, sie waren kultiviert und Leser von Magazinen, die sie als »politisch und intellektuell korrekt« erachteten. Sie kamen aus bescheidenen Verhältnissen und waren aus Nordfrankreich hierher gezogen. Sie lebten ihr französisches Leben, interessierten sich kaum für andere Kulturen, zumindest nicht, was deren Authentizität betraf. Doch ließ ihr Verhalten auch darauf schließen, dass sie schwere Zeiten durchgemacht hatten.

Bei näherer Betrachtung stellte ich jedoch fest, dass sie ihr Dasein fristeten wie alte Leute mit allen möglichen kleinen Manien. Vor allem Denise! Zum Beispiel schlief sie abends regelmäßig vor dem Fernseher ein. Nachdem sie vergeblich gegen ihre Müdigkeit angekämpft und ein paar Schnarchtöne von sich gegeben hatte, ging sie, meist so gegen 21 Uhr, ins Bett. In aller Herrgottsfrühe, um 4 Uhr 30, stand sie auf, sodass das ganze Haus in den Genuss ihrer Geschäftigkeit kam.

Überdies ermunterte sie uns, ihrem Beispiel zu folgen. Wir standen also um 5 Uhr 30 auf. Denise fuhr uns mit dem Wagen zum Gymnasium und, um Verkehrsstaus zu vermeiden, setzte sie uns schon um 7 Uhr in Montpellier ab, obwohl der Unterricht erst eine Stunde später begann. Selbst in Afrika steht man nicht so früh auf.

Auch sonntags durften wir nicht ausschlafen. Wir mussten unser Zimmer spätestens um 9 Uhr verlassen. Was für rückständige Prinzipien für Jugendliche! Wir standen jeden Morgen in aller Früh auf und durften am Sonntag nicht nach Herzenslust schlafen ...

Auch musste man bei ihnen immer um alles bitten.

»Darf ich telefonieren?«

»Darf ich einen Joghurt essen?«

»Und ein Stück Kuchen, darf ich?«

Im Gegensatz zu ihren eigenen Kindern mussten wir immer um »Erlaubnis fragen«. Wenn man uns in flagranti erwischte, wie wir unerlaubt naschten oder uns der »Telefonitis« hingaben, war die Hölle los. Selbst heute noch, in meiner eigenen Wohnung, frage ich meinen Freund um Erlaubnis, dies oder jenes tun zu dürfen. Das ist mir wie ein Trauma geblieben.

Anfangs verlangte Denise von uns, samstags zu Hause zu bleiben, um bei der Hausarbeit zu helfen. Natürlich wollte ich protestieren. Als sie erwiderte, das sei nun mal so und nicht anders, gab ich zurück: »Kommt nicht in Frage! Wir sind sechs hier im Haus, ich putze nur jeden sechsten Samstag.«

Meine Argumentation gefiel ihr gar nicht. Ich setzte mich zur Wehr. Aline putzte brav jede Woche. Ich sagte zu ihr: »Ich werde dich nicht bedauern, Aline. Wenn du dich nicht wehrst, dann willst du's wohl so.«

Aline, noch immer willenlos und phlegmatisch, gehorchte ohne zu diskutieren und ging so jeder Art von Konflikt aus dem Weg. Ich dagegen rückte nicht von meinem Standpunkt ab ... Das schien mir ganz logisch! Ich konnte schließlich nicht gegen meine Überzeugungen handeln. Denise war nicht begeistert. Ich bot ihr die Stirn, nicht aus Unverschämtheit, sondern um mir Respekt zu verschaffen, um meine Würde zu bewahren und genauso behandelt zu werden wie alle anderen auch.

Bei jeder gemeinsamen Mahlzeit kam es zu einer Szene. Manchmal wegen des Essens, der ewigen Spaghetti oder Ravioli. Oder wenn einer von uns versehentlich ein Glas Wasser umstieß. Sogleich sprang Grégoire wütend auf und verließ das Esszimmer. Nie standen wir vom Tisch auf, ohne vorher ein Drama erlebt zu haben. Und so waren viele Sonntage eine einzige Katastrophe. Ich persönlich fand das komisch. Während des Essens brach Catie plötzlich in Tränen aus. Sobald Denise ihre Tochter in dieser Verfassung sah, fiel sie in das Heulkonzert ein. Und das konnte Stunden dauern.

Mal ganz ehrlich: Wenn manche Menschen irgendwann mal einen echten Grund zum Weinen hätten, würden sie vielleicht nicht wegen jedes Blödsinns heulen! Denise und Grégoire hatten wirklich alles, um glücklich zu sein, trotzdem waren sie es nicht. Und ich sagte mir: »Aline und ich haben keine Eltern mehr, doch wir beklagen uns nicht ... Aber eine Familie haben und dann so miesepetrig und unzufrieden sein! Niemals würde ich meinen Kindern so etwas zumuten!«

Obwohl es mir wehtat, musste ich erkennen, dass sich ihre Sicht der Dinge so ganz von der meinen unterschied. Das Wichtigste war, dass sie mich nicht als ihre Tochter sehen wollten. Dabei war es mein innigster Wunsch, sie als meine neuen Eltern zu betrachten. Ich setzte große Hoffnungen in sie. Sicher zu große! Dazu muss man sagen, dass meine Schwester und ich ein gewisses Bedürfnis hatten, unseren Mangel an Liebe zu kompensieren. Ich hatte den starken Wunsch, unsere Pflegeeltern zu idealisieren. Doch immer wieder musste ich feststellen, dass sie uns nicht wie ihre eigenen Kinder behandelten. Anfangs wollte ich Papa und Mama sagen. Das ließ ich aber sehr bald sein. Ich war zu enttäuscht. Schließlich sagte ich gar nichts mehr.

Vom Jugendrichter hier untergebracht, konnten sich meine Schwester und ich an keine Sozialstelle oder einen Verantwortlichen wenden, der uns betreute. In administrativer Hinsicht galten wir als unterhaltsberechtigte Personen, das fand ich eines Tages heraus. Was den Rest betraf, nahmen Denise und Grégoire die Stelle unseres Vormunds ein mit allen finanziellen Vorteilen, die das beinhaltete.

Regelmäßig rechnete Denise aus, was ihr die Jugendlichen, die ihr in ihrer Funktion als Pflegemutter anvertraut waren, für den Familienalltag einbrachten, welche Steuervergünstigungen damit einhergingen und auf welche Beihilfen sie ein Anrecht hatte ...

Unter den verwahrlosten Heranwachsenden, um die sie sich noch kümmerte, war eine Bohnenstange von etwa fünfzehn Jahren, die sich sichtlich unwohl in ihrer Haut fühlte und echt gestört war. Sie hieß Barbara und war gleich nach ihrer Geburt von ihrer Mutter, einer Prostituierten, ausgesetzt worden. Ohne jedes Schamgefühl erzählte mir Denise ihre Vorgeschichte. Ich war schockiert und sagte es ihr.

»Diese Dinge darf ich gar nicht wissen. Warum diese Kinder durch solche unangebrachten Bemerkungen zusätzlich quälen? Sie sind doch so schon gestraft genug und können nichts für ihr Schicksal.«

Es war offensichtlich, dass Barbara niemals Liebe bekommen hatte, dass sie folglich nicht wusste, wie sie hätte Liebe geben oder auch nur kommunizieren können. Um unsere Aufmerksamkeit zu erregen, machte sie oft irgendwelchen Unsinn. Genauso wie Zaza, eine Algerierin, die wohl ähnlich verzweifelt war. Zwischen den beiden herrschte offener Krieg. Sie konnten sich nicht ausstehen, prügelten sich gnadenlos und bedrohten sich sogar: Mal sehen, wer der anderen als Erste eine Schere in den »fetten Hintern« rammen würde!

Was wir auch versuchten, zwischen ihnen gab es ständig Spannungen. Und unser Vormund unternahm nichts, um die Streitereien zu schlichten. Während andere Erwachsene nach der Ursache und einem Mittel gegen dieses Übel gesucht hätten, duldeten sie, ja, verschärften sie den Konflikt noch.

Eines Tages kam eine Neue hinzu, die sehr ungepflegt war und wirklich schlecht roch. Statt es ihr offen und unter vier Augen zu sagen, wandte sich Denise, wohl aus Angst, dieser Schmutzfink könnte sich bei der Jugendfürsorge beschweren und die Familie wechseln, jedes Mal an mich: »Annick, du stinkst, du könntest dich mal wieder waschen!«

Es waren diese kleinen Dinge, die allmählich dazu führten, dass ich sie zu hassen begann.

NACH LANGEN DISKUSSIONEN konnte ich Denise schließlich überreden, mich in dem Kanu-Club einzuschreiben, in dem auch Julien, ihr Jüngster, Mitglied war. Wir verstanden uns bestens, und er nahm mich mit in seine Clique.

Mit dem Kanu konnte ich entfliehen, mich der Probleme im Haus entziehen. Das Training und die Wettkämpfe nahmen viel Zeit in Anspruch: den schulfreien Mittwochnachmittag, den Samstag und manchmal sogar den Sonntag. Ich war eine ziemliche Niete, aber da es nur wenige Mädchen (und noch weniger in meinem Alter) gab, hatte ich trotzdem meinen festen Platz im Club ...

Meine Sportkameraden sahen in mir die Schwester von Julien. Überglücklich, diese Rolle spielen zu dürfen, klärte ich den Irrtum nicht auf. Das half mir, meine Position zu finden. Andere Referenzen zu haben als die des armen kleinen Flüchtlingsmädchens. Außerdem blieb mir so erspart, mich über Einzelheiten meiner Vergangenheit auslassen zu müssen. Hier war ich wie alle anderen. War umgeben von Kameraden. Mit ihnen zusammen trank ich mein erstes Bier, ging ich bisweilen abends aus ... Ich führte das Leben einer normalen Heranwachsenden mit allen Streichen, die dazugehören. Wir hatten viel Spaß.

Um auf eigenen Füßen zu stehen, beantragte ich die französische Staatsbürgerschaft. Ich wollte nicht als Flüchtling von anderen abhängig sein. Im Zweifelsfall hätte ich nur die Qual der Wahl. Letzten Endes, so sagte ich mir, war es das einzige Mittel, um eines Tages entscheiden zu können, was ich wollte – das Recht zu haben, in Frankreich zu bleiben oder nach Ruanda zurückzukehren.

Außerdem wollte ich damals Krankenschwester werden. Ohne die französische Staatsbürgerschaft aber

kann man hierzulande nicht in staatlichen Krankenhäusern arbeiten. In einem langen Brief an die Ober-
staatsanwaltschaft habe ich also alles erläutert: meine
Kindheit, den Tod meiner Eltern, meinen Wunsch, in
Frankreich zu bleiben, eine Ausbildung als Krankenschwester zu machen und vor allem der, Französin zu
werden. Der Staatsanwalt hat mich nie vorgeladen, er
hat meinem geschriebenen Wort vertraut, und wenig
später, 1997, erhielt ich meine neuen Ausweispapiere.

Auf dem Gymnasium waren wir nicht die einzigen
Schwarzen. Ich lernte andere kennen. Es war gut, sich
mit ihnen identifizieren zu können. Ob Weiß oder
Schwarz – die Mitschüler kamen jetzt eher auf mich zu,
und ich schloss mit mehreren Freundschaft. Dank
Julien und den Kanu-Kameraden war ich zudem sehr
viel zugänglicher geworden. Übrigens blieb ich bis zum
Abitur in derselben Klasse – die schönsten Jahre meiner Schulzeit. Von etwa dreißig steckten zwanzig immer zusammen in derselben Clique. Es war herrlich!

Als ich im Januar 1995 fünfzehnjährig nach Montpellier kam, wurde ich in eine Klasse eingestuft, in der
die meisten Schüler dreizehn Jahre alt waren. Nach den
großen Ferien, ein halbes Jahr später also, gelang es mir
in die nächst höhere Klasse versetzt zu werden.

Ohne meinen Rückstand vollständig aufgeholt zu
haben, kämpfte ich darum, nicht wiederholen zu müssen. Ich legte mich noch mehr ins Zeug, arbeitete oft zu
Hause und kam manchmal besser zurecht als andere.
Meine Entschlossenheit verlieh mir Flügel, und ich

brachte es fertig, nicht zu den Klassenletzten zu gehören ... Das war doch schon etwas, wenn man mein anfängliches Niveau berücksichtigt.

In manchen Fächern wie Physik oder Mathe versuchte ich erst gar nicht, etwas zu verstehen. Die gegebenen Größen hatten für mich überhaupt keinen Sinn. Unmöglich, sie mir einzutrichtern. Die Lehrer resignierten und gaben auf.

Selbst ein scheinbar leichtes Fach wie Zeichnen brachte mich total durcheinander. Auf der höheren Schule in Ruanda habe ich mich nie damit befasst. Und plötzlich forderte man mich auf, ein Stillleben zu malen.

»Was soll das denn sein?«, fragte ich verständnislos.

Die Kunstlehrerin versuchte verzweifelt, es mir zu erklären. Vergebens. Als es um den Begriff Perspektive ging, erwies ich mich als noch hoffnungsloserer Fall. Ich habe diese Logik nie begriffen. Und so schlug mir die Lehrerin vor, es mit einer Collage zu versuchen.

»Lass deiner Fantasie freien Lauf!«, sagte sie.

Das ging sehr viel besser, nur dass ich die Teile ausschnitt wie ein Kleinkind. Um mir eine Freude zu machen, gab mir die Lehrerin eine Drei, und fertig. Es gab wirklich Fächer, bei denen die Lehrer kapituliert haben.

In Geschichte und Französisch dagegen war ich gut! In Englisch und Spanisch schlitterte ich dafür knapp an der Katastrophe vorbei, doch ich lernte meine Texte auswendig: Bei den Übungen ergatterte ich eine Vier, ohne etwas verstanden zu haben. Es ging darum, die Lücken im Text auszufüllen, und hin und wieder er kannte ich ein Wort wieder ... Indem ich auf diese Weise jonglierte, kam ich gerade eben zurande.

Zu Hause machte Denise immer wieder wie beiläufig Anspielungen, was meine Ausbildung anging.

»Du musst dich für etwas entscheiden«, beharrte sie. »Du könntest zum Beispiel eine Lehre anfangen.«

Doch das kam gar nicht für mich in Frage. Ich wollte unter allen Umständen Abitur machen. Ihre eigenen Kinder hatten interessante Ausbildungen gemacht. Sie drängte sie sogar weiter zu studieren, wir aber sollten erst gar nicht die Möglichkeit dazu erhalten. Das war, gelinde gesagt, völlig irrational.

Ich unterhielt mich mit unterschiedlichen Leuten, dachte nach und zog Bilanz. Die drei Hindus hatten verschiedene Lehren absolviert. Denise hatte ihnen wirklich nur das Minimum zugestanden. Das war empörend! Es mangelte ihnen ganz gewiss nicht an Intelligenz. Hätte man sie entsprechend ermuntert, hätten sie eine ähnliche Laufbahn wie ihre eigenen Kinder einschlagen können. Es sei denn, sie dachte, sie wären auf Grund ihrer Herkunft weniger intelligent. Diese Annahme war durchaus denkbar. Das hätte zu ihrer Person gepasst.

Nennen wir die Dinge beim Namen.

Auf diesem Niveau handelte es sich nicht um Rassismus, sondern um eine sehr viel abartigere Form von Egozentrik und Hochmut. Es genügte ihnen, sich überlegen zu fühlen. Sie allein hatten das Recht, Zugang zum Besten zu haben. Alle anderen waren zu Dank verpflichtet.

Andy, die Ausgestoßene, die ich später noch ins Herz schließen sollte, vertraute sich mir an und erhärtete damit meinen Verdacht. Sie erzählte mir, wie es zu ihrem Zwist gekommen war. Als sie noch bei ihnen wohnte, hätten Denise und Catie sie eines Tages gefragt, warum sie weine. Ohne sie kränken zu wollen, hätte sie geantwortet, sie müsse an ihren vor zehn Jahren gestorbenen Vater denken. Darauf hätte Denise sie angefahren: »Hör auf mit diesem Theater!«

Und Catie hätte hinzugefügt: »Bei allem, was meine Eltern nach seinem Tod für dich getan haben! Wie kannst du es wagen, uns so auf die Nerven zu gehen!«

Kurz, Andy war in ihren Augen undankbar. Deshalb sollte ich »es bloß nicht wie Andy machen«. Was machen? Über einen Verlust in der Vergangenheit weinen? Ein Leugnen des Leids anderer war das! Doch wer vorgibt, einen Menschen zu lieben, der liebt ihn ganz und gar. Für Denise und Grégoire zählte nichts – außer sie selbst. Unsere Vergangenheit, unsere Zukunft existierten nicht, nur die Dankbarkeit, die wir ihnen erweisen sollten. Ein solcher Gegensatz zwischen ihnen und uns machte mich ganz krank.

IM JANUAR 1997, in der vorletzten Klasse vor dem Abitur, bekam ich epileptische Anfälle. Das erste Mal passierte es während eines Kanu-Wettkampfs. Ich fühlte mich nicht gut. Plötzlich fiel ich hin. Ich kann mich nur an ein schwarzes Loch erinnern. Dabei hieß es später, ich hätte Schaum vor dem Mund gehabt, hätte die Augen verdreht und mich am Boden gewälzt. Alle, die dabei waren, packte die Angst. Der Sportclub rief einen Krankenwagen.

Man muss kein Hellseher sein: Hätte der Anfall ein paar Sekunden früher eingesetzt, als ich noch im Wasser war, wäre ich ertrunken. Mein guter Stern wachte weiter über mir. *Igitangaza*, das Wunderkind ...

Sie trugen mich auf einer Bahre fort. Die Sportkameraden bildeten einen Zug. Ich hörte die guten Ratschläge der Sanitäter: »Rühr dich nicht, bleib ganz still!« Schließlich wurde ich von einem Arzt untersucht und geröntgt.

Ich wachte im Krankenhaus in einem kleinen Raum auf und hing an mehreren Schläuchen. Noch immer fühlte ich mich miserabel, und ich machte mir Sorgen, weil ich meine Versicherungskarte nicht dabeihatte. Aber Denise und Grégoire schalteten sich nicht ein: Sie hielten es nicht für nötig sich herzubemühen. Während die Aufnahmeformulare ausgefüllt wurden, war ich weiter nervös, fast panisch. Dann ließ das Unwohlsein langsam nach ...

Nach drei Tagen wurde ich in einen großen Krankenhauskomplex in Montpellier verlegt. Die Therapeuten stellten mich auf die Beine und sagten: »Schließ die Augen«, und sofort fiel ich um. Unmöglich, einen Fuß vor den anderen zu setzen.

Die Freunde vom Club hatten die geniale Idee, mich abwechselnd zu besuchen. Einer aß mit mir zu Mittag, ein anderer leistete mir nachmittags Gesellschaft, und ein Dritter tauchte abends mit einer Pizza auf. Sie schoben mich in meinem Rollstuhl durch den Park. Dank meiner Kameraden aus Schule und Club sind die fünf Wochen erzwungener Ruhe wie im Flug vergangen.

Eines Tages hat mich auch Andy im Krankenhaus besucht. Und meine Pflegeeltern, die sich seit meinem Anfall kein einziges Mal hatten blicken lassen, erschienen genau in diesem Augenblick in meinem Zimmer. Das Drama schlechthin! Ein mörderischer Streit brach rings um mein Bett aus. Ich bekam furchtbare Kopfschmerzen. Ich hatte den Eindruck, mein Schädel würde zerspringen. Die Ärzte griffen ein. Sie behandelten mich und befragten mich. Und dann baten sie Denise und Grégoire, nicht mehr zu kommen.

Am nächsten Tag erhielt ich einen Anruf von Denise: »Du wirst niemals etwas in deinem Leben erreichen«, beschimpfte sie mich. »Du bist und bleibst ein Versager, und du tust alles, um unsere Familie zu zerstören.«

Von da an geriet alles durcheinander und wurde immer schlimmer. Sie fühlten sich verraten. Und ich wollte mir solche Vorhaltungen nicht gefallen lassen. Keiner verstand den anderen mehr. Und nichts schien uns mehr versöhnen zu können. Weil ich gegen ihre Vorschriften verstoßen hatte, ignorierten sie mich und ich musste im Stillen leiden.

Zum Glück bot mir das Leben andere Freuden. Als ich wieder zur Schule gehen durfte, bereiteten mir die Schüler und Lehrer eine große Überraschung. Der

Sportlehrer hatte seinen Kurs ausfallen lassen. Alle hatten ein Fest vorbereitet mit Kuchen, Geschenken, einem riesigen Teddybär und einer Postkarte. Einfach toll. Ich war begeistert.

Die Anfälle wiederholten sich bis zu den Sommerferien, sodass ich in dem Schuljahr insgesamt nur einen Monat Unterricht hatte. Aber die Klassenkameraden halfen mir, brachten mir ihre Mitschriften nach Hause, erklärten mir die Hausaufgaben, die ich so regelmäßig wie möglich ablieferte. Und um meine Zielstrebigkeit zu belohnen, war der Lehrkörper bereit, mich in die Abiturklasse zu versetzen. Danach hörten meine Anfälle auf.

NACHDEM ICH MICH VON meinen Gesundheitsproblemen erholt hatte, unternahm ich das Notwendige, um meinen Führerschein zu machen. Ich sparte schon seit langem und hatte zu diesem Zweck kleine Ferienjobs angenommen. Natürlich fiel ich beim ersten Versuch durch.

Dann kam der schicksalhafte Tag, an dem ich meine zweite Chance hatte. Ich will mein Lampenfieber hier lieber gar nicht beschreiben ... der Horror! In meiner Panik habe ich vergessen, den Rückspiegel einzustellen, und bin im zweiten Gang angefahren. Uff! Ich habe weder den Motor abgewürgt noch die Kupplung schleifen lassen. Es ging weiter. Immer noch im zweiten Gang, ohne ein Risiko einzugehen. Die Strecke verlief durch unser kleines Dorf. An einer Kreuzung sah ich plötzlich

Aline, die mich erkannte, loslachte und mir zuwinkte. Ungeniert sagte ich zu meinem Prüfer: »Monsieur, das ist meine Schwester! Machen Sie ihr bitte ein Zeichen, sonst kann ich mich nicht konzentrieren.«

Auf subtile Art habe ich zu kaschieren versucht, dass ich außer Stande war, mit einer Hand zu lenken.

Noch nie war mir ein so netter Mann begegnet. Bereitwillig kam er meiner Bitte nach. Am Ende sagte dieser Prüfer zu mir: »Halten Sie an und parken Sie hier ein.«

Ich starrte ihn fassungslos an. Da ich völlig ausgepowert und nervlich am Ende war, fragte ich ihn: »Bestehen Sie wirklich darauf? Hören Sie, wenn Sie mir den Führerschein nicht geben wollen, ist es nicht weiter schlimm, aber ich kann nicht mehr ...«

Zum Glück hatte der Mann Humor.

»Okay, schon gut! Sie bekommen Ihren Führerschein!«, sagte er und lachte.

Nichts konnte meine guten Vorsätze mehr bremsen, wenn es um meine Ausbildung ging. Das war das Einzige, wofür ich Lust hatte zu leben und mich zu behaupten. Ich wusste, was ich wollte, egal welche Opfer es erforderte. Nachdem ich mich damit abgefunden hatte, nicht von meinen Pflegeeltern geliebt zu werden, hoffte ich nur, dass wir weiter ohne allzu große Probleme unter einem Dach leben könnten.

Der Sommer stand vor der Tür. Denise und Julien planten eine Reise nach Ruanda. Da Aline sie nicht begleiten wollte, beschloss ich, mit ihnen mitzufahren.

Trotz der Streitigkeiten zwischen Denise und mir hatte ich einen guten Grund, diese Reise zu unternehmen. Es gab etwas, das mir sehr am Herzen lag: Ich musste die sterblichen Überreste meiner Mutter, meines Bruders und unserer Cousinen finden, um sie würdig zu bestatten. Drei Jahre waren verstrichen. Man musste handeln, bevor es zu spät war.

Unlängst hatten Aline und ich einen größeren Geldbetrag erhalten – die Entschädigungssumme der Versicherungen, die nach Papas Tod fällig geworden war. So konnte ich diese Reise antreten, ohne mir über die Kosten Sorgen zu machen.

WENIGE WOCHEN VOR UNSEREM Abflug traf ein Brief von Tante Gloriose ein, der uns Kopfzerbrechen bereitete: Sie äußerte den Wunsch, dass wir endgültig nach Ruanda zurückkehren sollten.

Wir saßen bei Tisch, als Grégoire das Thema anschnitt. Er wollte, dass wir dableiben.

»Wir bräuchten sie nur zu adoptieren«, sagte er.

Denise warf ihm einen vernichtenden Blick zu und bedeutete ihm mit einer schroffen Handbewegung zu schweigen.

»Lass uns ein andermal darüber sprechen«, bestimmte sie.

Danach sind sie in ihrem Büro verschwunden. Unbemerkt bin ich ihnen gefolgt und konnte das Ende der Konversation belauschen. Denise sagte gerade: »Und wie sollen wir unser Haus bezahlen, wenn sie gehen?«

Jetzt war mir alles klar ...

Ich bin schlafen gegangen. Ich wusste nicht mehr, was ich wollte. Abreisen, zurückkommen, studieren? Mir schwirrte der Kopf.

Ich hatte nicht mal mehr die Kraft, sie zu kritisieren. Allerhöchstens hätte ich sie bedauern können. Das also war ihr Leben! Sie stritten die ganze Zeit, drohten damit sich zu trennen, aber wenn es um ihre Interessen ging, wussten sie sich sehr wohl zu einigen – auf Kosten der anderen, versteht sich. Ob sie wollten oder nicht, sie waren ein Paar und würden in ihrer Kleingeistigkeit zusammenbleiben.

In dieser Familie verstand man es nicht zu lieben. Ich ahnte, warum diese Frau Kinder bei sich aufnahm. Sie hätte lieber darauf verzichten sollen! Es war schwer, der Realität ins Auge zu sehen. Und obwohl ich weiß, wie sinnlos es ist, irgendetwas zu bereuen, bedauerte ich, wie sie diese Chance vergeudete.

Heutzutage ist dauernd die Rede von Integration. Aber waren es in diesem Fall nicht die anderen, die in der Gesellschaft etablierten Personen, die außer Stande waren, die Fremden in ihr Leben zu integrieren? Ich hatte meine Freunde, den Kanu-Club, die Mitschüler. Mit ihnen hatte ich keine Probleme ... Die Frage der Integration ist also relativ. Sie hängt gewiss von den Akteuren ab, von den Immigranten, aber auch von den Menschen im Land. Jedes Zusammenleben unterliegt der Politik der gegenseitigen Achtung. In meiner Situation war ich weit davon entfernt, und das musste ich akzeptieren.

Nach dieser Enttäuschung beschloss ich, nichts zu unternehmen, um die Missstände zu beheben. Ich würde meine Pläne nicht ändern und mich mit Denise und ihrem Sohn auf die Reise machen. Auf jeden Fall wartete Ruanda auf mich. Dort würde ich die Traditionen meiner Vorfahren wieder finden.

Später würde man weitersehen ...

Es hatten mich weit tragischere Ereignisse nicht zu zerstören vermocht, weit blutrünstigere oder perversere Menschen hatten sich an mir die Zähne ausgebissen. Niemand würde mich in die Knie zwingen.

Ich konnte gut und gerne auf Heucheleien und Gefälligkeiten verzichten, die andere für Gefühle halten. Die zu zahlende Rechnung war mir egal: Nichts wäre es jemals wert, dass ich den Preis meiner Würde vergesse.

DRITTER TEIL

*Eine Frau geht
ihren Weg*

Die ausgelöschte Erinnerung

IM SOMMER 1997 flogen wir also mit völlig unterschiedlichen Vorstellungen nach Ruanda. Denise und Julien träumten vom weiten Horizont, von Entspannung und Tourismus, und fragten sich nicht einmal, ob das Land ihren Erwartungen entsprechen würde.

Ich selbst dachte nur daran, die sterblichen Überreste meiner Familie zu finden und die Orte aufzusuchen, an denen wir gelebt hatten. Ich wollte möglichst viel klären und Nachforschungen anstellen, um die Gewissheit zu erhalten, dass es wirklich keine Überlebenden gab.

Die Situation in Ruanda war noch kritisch. Die FPR hatte Mühe, das Land zu befrieden. Nach dem Genozid waren zwei Millionen Hutu in riesige Auffanglager an den Landesgrenzen geflohen. Dort wurden sie von den Initiatoren des Genozids festgehalten, die diese Lager als Basis für eine zukünftige Rückeroberung Ruandas nutzen wollten.

Vor unserer Ankunft hatte die FPR diese Streitkräfte in Zaire angegriffen, sodass nun Hunderttau-

sende von Hutu-Flüchtlingen ins Land zurückström-
ten. Ihre Rückkehr führte zu starken Spannungen in
ganz Ruanda.

ALS WIR AUF DEM FLUGHAFEN von Kigali lan-
deten, war ich schockiert beim Anblick der vielen Militärs. Noch sah ich keinen Unterschied zwischen den
Uniformen des alten und des neuen Regimes. Ver-
schreckt klammerte ich mich an meinen Sitz.

Auch heute noch überkommt mich bei jeder Reise
nach Ruanda schlagartig das Gefühl, dass jederzeit alles wieder eskalieren könnte, dass Gefahr droht, dass
nichts berechenbar ist.

Ich war wütend auf mich selbst und verfluchte
mich, denn in Frankreich hatte ich zwar vergessen, was
Angst bedeutet, doch hier empfand ich dieselbe Furcht
wie früher. Da meine Beine derart zitterten, dass ich
sie nicht mehr unter Kontrolle hatte, wollte ich nicht
aus dem Flugzeug steigen.

Doch dann sah ich meine Tante Gloriose, die sich
offensichtlich freute und mir zur Begrüßung zuwinkte.
Also überwand ich mich. Wir hatten uns lange nicht
gesehen. Sie war noch immer Novizin bei den Nonnen,
die früher meine Mutter angestellt hatten, und lebte in
Butare. Später sollte sie den Orden verlassen, heiraten
und prächtige Kinder zur Welt bringen ...

In Kigali übernachteten wir in den Räumlichkeiten
der Priester. Der nächste Morgen war sehr schön, man
hörte die Vögel zwitschern, und kleine Schimpansen

turnten in den hohen Bäumen. Es war herrlich! Eine Woge der Ruhe überkam mich.

Später machten wir uns im Buschtaxi auf den Weg. Auf den ersten Kilometern traute ich meinen Augen nicht. Ich erfreute mich an allem, an der Sonne, der lieblichen Landschaft, den Eukalyptusbäumen und Bananenplantagen. Doch bald stießen wir auf die ersten Kontrollposten, die unsere Papiere verlangten. Der Zauber war verflogen ...

Dabei war das Land ruhig und aufgeräumt. Nie hätte man vermutet, dass hier ein Genozid stattgefunden hat. Das Leben hatte wieder angefangen. In den Dörfern liefen Kinder umher, und vor den Häusern gab es kleine Verkaufsstände. Alles war gut. Außer, wenn wir an einen Kontrollposten kamen. Dabei gab es keinen Grund zur Angst. Alles war entspannt. Es handelte sich lediglich um Kontrollen, und doch ließen sie mir das Blut in den Adern gefrieren. Dann fuhren wir weiter. Ich atmete ein wenig auf. Aber die Erleichterung dauerte nicht lange. Bald hatten wir erneut anzuhalten. Ständig musste ich mich zusammenreißen. Nachdem wir mehrere Wachposten passiert hatten, erreichten wir schließlich die Hügel von Butare.

In ihren Briefen hatte Gloriose vorgeschlagen, uns in der ehemaligen Schule von Mama unterzubringen. Die Nonnen waren bereit uns aufzunehmen. Welche Ironie! Wir kamen in Ruanda an und wohnten an dem Ort, an dem ich mich während des Genozids versteckt gehalten hatte, an der Stätte unseres größten Leidens ...

Ich hatte mir vorgestellt, die anderen würden vielleicht daran denken, aber niemand berücksichtigte die Umstände. Sogar meine Tante schien gleichgültig! Wären andere in meiner Situation gewesen, hätte ich ihnen nie vorgeschlagen, sich am Schauplatz des Dramas aufzuhalten ...

Dabei gab es ein anderes Gebäude außerhalb der Schule, das direkt neben dem Komplex lag. Hätte man uns dort untergebracht, wäre ich ruhig gewesen, aber nein! Sie führten uns hierher, als wäre nichts geschehen.

Sobald ich das Haus betrat, war ich wie bewusstlos, ein Teil meiner selbst hatte mich verlassen. Ich verlor völlig die Kontrolle. Beim geringsten Geräusch schreckte ich auf: ein Fenster, das geöffnet wurde, ein ungewöhnliches Knarren ... Es war die mir bekannte Geräuschkulisse. Aufgewühlt wie ich war, hatte ich den Eindruck, eine unsichtbare Hand hätte den Ton lauter gestellt. Der kleinste Laut ließ mich zusammenzucken.

Wir wurden von allen mit scheinheiliger Freundlichkeit aufgenommen. Zum Glück gehörten Adolphe und seine Familie nicht zum Empfangskomitee. Die Nonnen reichten mir schon.

»Wie groß du geworden bist!«

»Und wie hübsch du bist ...«

Sie widerten mich an.

Wir gingen in den Speisesaal, gleich neben dem Arbeitszimmer, in dem meine Mutter ermordet worden war. Niemand dachte sich etwas dabei. Es war, als hätte sie nie gelebt und nur in meinem Traum existiert ... Ich konnte es nicht glauben. Ich musste mich zusammennehmen. »Sei nett, sei ruhig!«, wiederholte ich mir immer wieder, während die anderen in aller Ruhe aßen und sich nicht darum kümmerten, dass ich keinen Bissen hinunterbrachte.

Am Abend hatte ich den Eindruck, der Himmel über mir würde einstürzen: Vor mir standen die Nachtwächter, dieselben, die damals Victor getötet hatten. Ich hatte meiner Tante mehrmals geschrieben: »Sorgt wenigstens dafür, dass Victor ein Begräbnis bekommt. Wenn ihr seine Mörder nicht vor Gericht bringen wollt, von mir aus! Aber übergebt seiner Familie die sterblichen Überreste, ich kann euch sagen, wo sie sich befinden.« Doch weder meine Tante noch die anderen waren darauf eingegangen.

Wir machten uns fertig für die Nacht. Der einzige Trost in dieser absurden Lage war, dass meine Tante im selben Zimmer schlief wie ich. Doch sobald ich im Bett lag, ergriffen die alten Dämonen erneut Besitz von mir. Diese Situation versetzte mich zurück in den Albtraum. Ich konnte mir nicht vorstellen, dass die Dinge anders waren als in der Vergangenheit, und so fand ich keinen Schlaf.

Es war jede Nacht dasselbe. Draußen lauerten die Wächter ...

Wenn ich schließlich eingenickt war, schreckte ich sofort wieder hoch. Innerlich schrie ich. In Wirklichkeit erstickte ich daran, keinen Laut herausbringen zu können. Ich wanderte in meinen Erinnerungen mit den Geistern derer, die ich geliebt hatte.

Was ist das Schlimmste? Der Schmutz, das trübe Wasser, die Toten, die Gefangenschaft, die Wut? Oder das Gefühl, nicht mehr auf einen weiteren Tag hoffen zu können? Und in der völligen Gleichgültigkeit meiner Umgebung diese Angst, die mich niemals verließ ...

Was für Ferien!

Nachts sagte ich mir ständig, dass die Wächter, diese Mörder, die erstbeste Gelegenheit nutzen würden, um sich meiner, einer lästigen Zeugin ihrer Verbrechen, zu entledigen. Und tagsüber war es kaum besser. Ich irrte ruhelos umher und weigerte mich, das Haus zu verlassen. Für mich war es wie während des Völkermordes: diese Räumlichkeiten zu verlassen bedeutete, mich in die Hände der Milizen zu begeben und den schlimmsten Gefahren auszusetzen.

So sehr ich mich auch bemühte und Tabletten gegen meine Kopfschmerzen nahm, es half alles nichts. Ich aß und schlief nicht mehr. Ich befand mich wieder in der Kriegssituation, doch diesmal war ich allein in diesem Zustand. Alle um mich herum lebten ganz normal, nur ich war isoliert mitten im Nichts.

Denise war ständig unterwegs und machte Ausflüge. Ich riet ihr, nicht in Shorts herumzulaufen, um nicht den Spott der Menschen auf sich zu ziehen, doch sie hörte nicht auf mich.

In meiner Kindheit zählte es zu den schlimmsten

Beleidigungen, wenn man sich eine Mutter in kurzen Hosen ausmalte.

In unserem Land tragen die ruandischen Mamas lange Gewänder. Aber Denise lief mit nackten Beinen herum.

Ob in Shorts, Bermudas oder Hosen – unsere Beziehung war schwierig. Sie sagte zu mir: »Du bist starrköpfig. Du könntest ruhig mal mitkommen. In Anbetracht der Kosten für diese Reise will ich doch deinetwegen nicht hier eingesperrt bleiben ...«

Ich versuchte, ihr die Situation zu erklären: »Ich bin nicht als Touristin nach Ruanda gekommen, ich kann das Schulgelände nicht verlassen.«

Wieder einmal bekam ich nicht die Unterstützung, die ich mir von ihr erhofft hatte ... Und sie fühlte sich betrogen.

In den drei Wochen habe ich das Haus vielleicht fünf Mal verlassen. Ich trichterte mir immer wieder ein: »Geh durchs Tor hinaus, der Krieg ist vorbei!« Und ich stellte mich auf die Straße. Doch sogleich sah ich mich wieder, wie ich 1994 mit meinem Bruder dort gesessen und den Abzug der UN-Truppen zu Beginn des Genozids beobachtet hatte. Das Herz wurde mir schwer. Sobald ich einen Soldaten sah, stahl ich mich davon.

Eines Tages ging ich gemeinsam mit mehreren Frauen spazieren. Es waren ehemalige Freundinnen meiner Mutter, die jünger waren als sie, so um die vierzig, und mich überzeugt hatten, dieses Experiment zu wagen.

»Komm wenigstens mit zum Bahnhof und sieh dir an, wie sich alles verändert hat. Das sind nur zweihundert Meter.«

Auf dem Rückweg nach dieser Heldentat hörte ich hinter mir die Stiefel von Soldaten. Plötzlich sahen mich diese Frauen davonlaufen. Ich rannte, bis ich keine Luft mehr bekam. Als sie mich eingeholt hatten, zitterte ich am ganzen Leib.

Seither wollte ich nur noch in Begleitung in die Stadt, am liebsten im Auto. Ich ertrug keine Menschenmassen. Ich ertrage sie bis heute nicht. Ich kann nicht auf den Markt gehen. Ich kann keine Schreie hören.

Dennoch nahm ich eine weitere Einladung der Freundinnen meiner Mutter an. Bei einer von ihnen verbrachte ich eine Nacht. Auf ihr Drängen hin machten wir einen Spaziergang durch das Ngoma-Viertel, wo ich meine Kindheit verbracht hatte. Wir gingen den Hügel hinauf, Abschnitt für Abschnitt, vom Tal bis zum Gipfel.

Dort wo ich früher jeden gekannt hatte, waren nur noch unbekannte Gesichter. Von den einhundertfünfzig Familien, die früher hier wohnten, waren nur noch drei da! Neuankömmlinge hatten sich niedergelassen. Wo waren meine Altersgenossen? Dabei war alles in Ordnung. Die Straßen waren sicher. Kein Tutsi wurde mehr getötet. Doch in meinem Land, in meinem alten Viertel, begegnete ich nur noch Fremden.

Ein andermal war ich bei früheren Nachbarn zum Essen eingeladen. Der Vater und die Mutter waren dem Gemetzel entkommen, indem sie sich drei Monate lang in ihrem Keller verborgen hatten. Eines ihrer Kinder, das sie in ein anderes Versteck brachten, hatte nicht dieses Glück gehabt. Seither wurden sie von Gewissenbissen geplagt.

Bei unserem Wiedersehen zeigten sie mir Fotos. Ich sah Bilder von meinen früheren Spielkameraden. Ich ertrug kaum diese Leere, ihre Abwesenheit. Und wir traten auf der Stelle, konnten dieses Vakuum, diesen Verlust, nicht akzeptieren. Ständig wiederholten sie ihr Bedauern. Nie hätten sie es für möglich gehalten, davonzukommen und eines ihrer Kinder zu überleben. Hätten sie es nur nicht in ein anderes Versteck geschickt ...

Wenn das Wörtchen wenn nicht wär ... In Ruanda wurden damals alle Eventualitäten diskutiert. Da war ich keine Ausnahme. Wie eine Alte, die sich ständig wiederholt, murmelte ich: »Und wenn dies und wenn das ...«

Viele Ruander, die die Massaker nicht direkt miterlebt hatten, haben den Völkermord verarbeitet. Das konnte ich feststellen. Doch die Überlebenden blieben, ganz wie ich selbst, verhaftet in ihrer Abwesenheit, ihr wirkliches Leben war ausgeklammert.

UM MEIN VERSPRECHEN einzulösen, fuhr ich zum Haus meiner Großeltern. Früher hatten sie auf einem bewaldeten Hügel gewohnt. Auf dem Weg erkannte man nichts mehr, keine Pflanzen, keine Häuser, nichts! Eine verlassene, kahle Landschaft. Die Hutu hatten alles ausgelöscht, die Menschen, die Häuser, die Hunde, die Zäune.

Bei meiner Tante Lucie sah es nicht anders aus. Das Haus war zwar nicht vollständig dem Erdboden gleichgemacht, doch es standen noch etwa dreißig Zentimeter hohe Mauerreste. Dadurch konnte ich mir anhand der verschiedenen Anstriche die einzelnen Zimmer vorstellen.

Der Avokadobaum vor dem Haus, unter dem wir gesessen und uns Geschichten erzählt hatten, war gefällt worden. Betroffen sagte ich mir: »Aber der Baum hat ihnen doch nichts getan!« Nach dem Genozid war das einer der schmerzlichsten Augenblicke. Der Anblick all dieser Trostlosigkeit, dieser Vernichtung ...

Wie hatten die Völkermörder so weit gehen können?

Ganze Familien auszurotten ... Von der unseren sind wenigstens meine Schwester und ich noch da, um unserer Toten zu gedenken. Doch wie sieht es dort aus, wo keiner überlebt hat?

Die Erinnerungen verfliegen und mit ihnen der Beweis ihrer Existenz. Sie sind in doppelter Hinsicht tot. Sie haben nicht einmal die Möglichkeit, in den Herzen der Überlebenden weiterzuleben. Es gibt niemanden mehr, der ihren Namen ehren oder ihr Andenken bewahren könnte.

Insgeheim hatte ich mir in Frankreich immer vorgestellt, meine Eltern, meine Mutter, mein Bruder, meine Cousinen würden noch hier leben, und ich würde sie später wie durch Zauberhand wieder finden. Aber nein. Sie waren nicht mehr da. Selbst die Erinnerung an sie war ausgelöscht.

In Ruanda zu sein und nur noch kleine Mauerreste als Beweis ihrer Existenz vorzufinden, war unendlich schmerzlich.

In diesem Sommer fuhr ich auch über die Straße, auf der die Milizen meine Mutter, Aline, meinen Bruder und die anderen weggebracht hatten, nachdem sie beschlossen hatten, sie zu töten. »Vielleicht finde ich ein Zeichen, ein Medaillon, ein Hemd, ein Stück Stoff«, hoffte ich. Ich habe nichts gefunden.

Bekannte begleiteten mich zu dem Massengrab. Das war unerträglich. Ich habe nur ein einziges gesehen und es sofort aus meinem Gedächtnis gelöscht. »Wenn ich dieses Bild vor Augen behalte«, sagte ich mir, »kann ich danach nicht weiterleben.«

In diesem Moment beschloss ich, meine Nachforschungen einzustellen. Ich würde ihre Leichen nicht mehr suchen. Diese Aufgabe überstieg meine Kräfte.

Dann traf ich Thierry aus Butare, den Jungen, mit dem Aimé oft gespielt hatte. Als er mich sah, verlor er die Fassung.

Ihn weinen zu sehen, tat mir gut. Es war das einzige Mal, dass ich mich gehen ließ. So schluchzten wir beide, Hand in Hand auf der Straße ... Er sagt mir immer wieder, wie Leid es ihm wegen meines kleinen Bruders täte, den er so gerne gehabt hatte. Ich sah diesen in Tränen aufgelösten großen Mann, und ich sagte mir:

»Er und ich, wir haben wenigstens unsere Menschlichkeit bewahrt.« Die anderen gaben vor, nichts zu sehen, sie verschlossen ihre Augen ... Sie konnten sich nicht vorstellen, wie unerträglich es für mich war, sie beim Essen zu beobachten: Sie nahmen es im Zimmer neben dem Büro meiner Mutter ein, dessen Tür stets geöffnet war. War es Mangel an Feinfühligkeit? Dummheit? Ich glaube, sie vermochten den Zusammenhang nicht herzustellen. Aber der »Große Thierry« mit seiner sensiblen Seele verstand ...

Bis 1994 hatte ich ein Leben gehabt, ganz egal welches, aber ich hatte eines. Dann hatte ich es drei Monate lang verloren. Danach eroberte ich es mir zurück, sagen wir, ich baute mir eine neue Existenz auf. Als ich 1997 nach Ruanda zurückkehrte, wusste ich nicht mehr, was vom ersten übrig geblieben war und woraus das zweite bestand ... Ich sah nur einen gewaltigen Riss.

Mein früheres Glück lag nun schon drei Jahre zurück, und was jetzt meinen Alltag ausmachte, bedeutete mir nicht viel. Es war schwierig. Und doch schien es mir ein dringendes Bedürfnis, mein Leben wieder zusammenzusetzen.

Solange ich nicht klarer sah, blieb ich lieber auf dem Schulgelände, bis die Ferien vorbei waren. Am Vorabend unserer Abreise ließ ich mir hübsche afrikanische Zöpfe flechten. Das war wirklich das einzige Vergnügen, das ich mir gestattet habe.

WÄHREND WIR AUF DAS FLUGZEUG warteten, machte Denise alles noch schlimmer, indem sie mir eine Standpauke hielt: »Du warst unerträglich, du hast uns nicht einmal auf unseren Ausflügen begleitet! Unseren ersten Aufenthalt in Afrika hast du uns gründlich verdorben.«

Da war jede Diskussion überflüssig. Wir lebten nicht auf demselben Planeten. Dieser Vorfall bewies mir einmal mehr, dass sie weder eine Mutter noch eine Freundin für mich war.

Meine Schwester Aline, die stets versöhnlich war und jedem Konflikt aus dem Weg ging, hatte ein unproblematisches Verhältnis zu ihr. Noch heute haben sie Kontakt und telefonieren von Zeit zu Zeit. Aber zwischen Denise und mir ist jede Begegnung unmöglich geworden.

Als sie mich bei unserer Abreise so angegriffen hat, war Julien derart verärgert, dass er uns stehen ließ und eine Runde durch den Flughafen drehte. Ich folgte ihm kurz darauf. Schweigend setzten wir uns nebeneinander und rauchten eine Zigarette. Er zumindest begriff die Situation ...

Auf dem Rückflug dachte ich an die vielen Kinder, die man in europäische Waisenhäuser geschickt hatte und die nun, nachdem die Unruhen beendet waren, nach Ruanda zurückgeholt wurden. Uns hatte niemand dazu aufgefordert. Da wir beide das Land über eine private Organisation verlassen hatten, zählten wir für die Statistik nicht.

In den wirren Zeiten während und nach dem Genozid war es unmöglich, jemanden ausfindig zu machen
oder festzustellen, ob jemand geboren oder noch am
Leben war: Die Mörder, die planten, alles zu zerstören, hatten auch die Unterlagen der Standesämter vernichtet.

»Sie werden über eine Wüste herrschen«, sagten sie,
um die FPR und die Überlebenden zu entmutigen, den
Wiederaufbau des Landes in Angriff zu nehmen.

Eine Konsequenz des Genozids war, dass die Menschen glaubten, nicht mehr zu existieren, ja nie existiert zu haben und dass tatsächlich alles ausgelöscht
war, was das Gegenteil beweisen könnte ...

Niemand hat nach uns gesucht, denn es gab niemanden mehr, der es hätte tun können. Das musste
man akzeptieren.

Während des Fluges begriff ich auch, wie erleichtert
ich war, das Land zu verlassen. Nicht eine Sekunde lang
war mir die Idee gekommen zu bleiben. Die drei Wochen ständiger Angst hatten mir gereicht.

In Montpellier hatte ich Ruanda zu sehr idealisiert.
Jetzt hatte ich die Folgen gespürt. Und das war gut so.
Das erweckte mich zu neuem Leben. Bislang hatte ich
mit einer Lüge gelebt. Jetzt müsste ich die Realität anerkennen und mich darin einrichten.

In diesem Flugzeug schwor ich mir zu vergessen
und mir eine Zukunft in Europa aufzubauen. Nie wieder würde ich den Fuß in dieses Land setzen. Das war
beschlossene Sache.

Als im September 1997 das neue Schuljahr begann,

hatte ich einen Schlussstrich unter Ruanda gezogen. Ich arbeitete noch mehr für die Schule. Und ich wollte nichts mehr von der ruandischen Tragödie hören.

Doch ich lernte nicht nur fleißig, sondern ich traf mich auch mit Freunden. Ich wollte etwas anderes entdecken und mit aller Kraft mein neues Leben aufbauen.

Das ging eine Zeit lang gut.

Der tägliche Rassismus

UM DAS PINGPONG-SPIEL zu beenden, das in meinem Kopf ablief und mich zwang, dem Ball hinterherzuspringen, sobald ich an Ruanda dachte, stürzte ich mich in eine Liebesbeziehung. Der Auserwählte war Sportlehrer, und ich hatte ihn über meine Kanu-Kameraden auf einem Fest kennen gelernt.

Yves war mein erster Freund. Ich war achtzehn Jahre alt. Es war nicht die große Liebe, doch es war angenehm.

Bis zum Ende des Sommers hatten wir jedenfalls viel Spaß. Wir trafen uns regelmäßig mit einer ganzen Clique in einer Bar und gingen dann von Mitternacht bis zum Morgengrauen in eine Diskothek. Wir schliefen tagsüber und trafen uns abends zu neuen Abenteuern. Das waren endlich richtige Ferien!

Trotz meiner schlechten Erfahrungen habe ich den Schritt getan. Die Beziehung wurde ernst und offiziell.

Ein paar Wochen später fing die Schule wieder an, und er musste zum Militär. Wegen meines Unabhängigkeitsstrebens kam mir das sehr zupass. Ich wusste, dass er von Zeit zu Zeit kommen würde, trotzdem behielt ich das Heft in der Hand. Es war eine Fernbeziehung. Wenn er Urlaub hatte und nicht zu seiner Mutter nach Lyon fuhr, sahen wir uns.

Yves hatte nichts zu tun in der Armee. Er langweilte sich und schrieb mir lange Briefe. Da nicht viel bei ihm passierte, beschrieb er mir jede Stunde seines Tagesablaufs, ich antwortete immer nach demselben Schema, das heißt, ich machte ihm Mut. Unsere Liebesgeschichte spielte sich per Post ab.

In der Oberstufe öffnete ich mich immer mehr der Außenwelt. Mit zwanzig Mitspielern in der Klasse heckten wir allen möglichen Blödsinn aus, vor allem freitags vor der Philosophiestunde. Wir gingen in den Park, aßen Sandwichs und tranken Wein ... Beschwipst und benebelt im Kopf kamen wir dann ins Klassenzimmer zurück, und die Lehrerin drehte fast durch!

Der Nachmittag war jedes Mal katastrophal, da wir halb einschliefen. Wir hatten einen älteren Mitschüler, der eine eigene Wohnung in der Stadt besaß. Dort fanden wir uns oft ein. Das war ein ausgelassenes, unbeschwertes Leben, wie ich es mir nie hatte vorstellen können.

In den letzten beiden Schuljahren besuchte ich endlich ganz normal den Unterricht, ohne Handicap und ohne längeres Fehlen. Trotzdem waren sich die Lehrer einig, dass ich das Abitur nicht schaffen würde. In Mathe schrieb ich nur schlechte Noten. Dabei nahm ich Nachhilfestunden ... Bei der Prüfung bekam ich schließlich eine Zwei in Philosophie und eine Zwei in Geschichte. Damit konnte ich meine Fünf in Wirtschaft ausgleichen – eigentlich mein Lieblingsfach, doch ich hatte das Thema völlig verfehlt.

Trotzdem habe ich mein Abi geschafft. Wie alle anderen und ohne Nachprüfung! Ich war sehr stolz.

Yves wiederum hatte seine Zeit in der Armee abgeschlossen und ließ sich im September 1998 in Paris nieder. Während meines letzten Schuljahrs sahen wir uns einmal im Monat. Mal war ich es, die in die Hauptstadt fuhr, mal kam er mich in Montpellier besuchen.

Zu jener Zeit wohnte ich noch bei Grégoire und Denise. Ich hatte vor, sie gleich nach dem Abitur zu verlassen. Die letzten Monate in der Abiturklasse waren die Hölle. Wir hatten uns ständig in der Wolle. Ich hatte genug von ihrem Gezeter, ihren Streitereien, ihren Abrechnungen.

Ich wollte auf die Uni, sie wollten es nicht. Das gab erneut Anlass zu Streit. Ich hatte mich bei der Sozialstelle des Gymnasiums erkundigt und erfahren, dass ich ein Stipendium beantragen könnte, wenn ich nicht mehr von Denise und Grégoire abhängig wäre. Gott sei Dank waren sie seit meinem 18. Lebensjahr nicht mehr mein Vormund. Und da sich die Stimmung zwischen uns nicht verbesserte, brach ich nach einer Auseinandersetzung im März 1999, drei Monate vor der Abiturprüfung, endgültig meine Zelte dort ab.

Es war an einem Mittwoch. Meine Schwester hatte ihren kleinen Gebrauchtwagen vor dem Haus geparkt. Ich nahm meinen Koffer und packte meine Kleider ein. Ich habe alles ins Auto verfrachtet – und adieu gesagt.

Ich nahm nichts von ihnen mit und verkündete nur: »Ich gehe, und zwar für immer. Ich werde nie mehr einen Fuß in dieses Haus setzen.«

Und tatsächlich sollte ich das Haus nie mehr betreten.

Sobald ich auf und davon war, rief ich meine Schwester an. Sie zweifelte am richtigen Zeitpunkt meiner Entscheidung: »Du bist verrückt, du stehst kurz vorm Abitur. Was willst du tun? Was soll aus dir werden?«

»Das Gleiche wie aus dir! Du hast dich schließlich auch anderswo eingerichtet, nicht wahr?«

Dieses Argument überzeugte sie und sie nahm mich bei sich auf. Aline, die sich schon eher selbstständig gemacht hatte, arbeitete in der Altenfürsorge und hatte ein kleines Häuschen im Hinterland von Montpellier gemietet. Jetzt musste ich jeden Tag insgesamt siebzig Kilometer zurücklegen, um zur Schule zu kommen.

Eine medizinische Untersuchung meines Knies, das ständig schmerzte, ergab, dass ich mit langwierigen Problemen zu rechnen hatte. Und so verzichtete ich darauf, Krankenschwester zu werden, und war umso entschlossener, ein Universitätsstudium in Angriff zu nehmen. Mein Zorn gegen Denise und Grégoire verfolgte mich. Ich konnte mich nicht damit abfinden, dass sie uns nicht wenigstens moralisch unterstützt und ermutigt hatten, unsere Möglichkeiten voll auszuschöpfen, uns ein höheres Ziel zu stecken, um etwas im Leben zu erreichen.

Zu sehen, wie Aline arbeitete, bereitete mir Kopfzerbrechen. Wohin sollte sie der Job als Stationsgehilfin in einem Altersheim im Hinterland von Montpellier wohl führen? Es sei denn, sie fände den Mann fürs Leben und hätte Kinder mit ihm. Aber wo sollte sie ihm begegnen, nachdem keiner der Erwachsenen versucht hatte, sie aus ihrer Lethargie zu erwecken?

Bei meiner Schwester fühlte ich mich wohl. Wir wohnten zusammen in ihrem kleinen Haus. Wir aßen, was wir wollten. Fern von den ewigen Streitigkeiten konnte ich nachts wunderbar schlafen. Ich lernte fürs Abitur, nahm kleine Jobs an, um mir die Mathe-Nachhilfe leisten zu können, die mich ein Vermögen kostete, und ich schaffte die Prüfung. Wie immer mussten wir die Ergebnisse am schwarzen Brett suchen, doch als ich völlig atemlos eintraf, riefen mir meine Klassenkameraden schon von weitem zu: »Glückwunsch, Annick, du hast es geschafft! Du hast dein Abi!«

Ich war ganz aus dem Häuschen vor Freude. Es war wunderbar! Und ich dachte gar nicht mehr, überhaupt nicht mehr an Ruanda.

Kurz darauf sagte ich zu Yves: »Ich will auf die Uni. Also entweder komme ich zu dir nach Paris, oder ich bleibe in Montpellier. Doch in diesem Fall beende ich unsere Beziehung. Sie hätte sonst einfach keinen Sinn mehr.«

Nach kurzem Zögern murmelte er: »Okay! Du kommst zu mir nach Paris.«

Also zog ich nach Paris. Wir fanden eine hübsche, saubere Zweizimmerwohnung in einem Vorort nördlich der Stadt. Während mein Freund bei seinen Eltern die Ferien verbrachte, suchte ich mir einen Job in einem großen Sportgeschäft, um mir ein kleines finanzielles Polster zuzulegen.

Im Oktober 1999 begann ich mein Studium der Betriebswirtschaftslehre und der politischen Wissenschaften an der Universität von Villetaneuse. Nach zwanzig Wochenstunden im Verkauf paukte ich zwischen dreißig und fünfunddreißig Stunden für die Uni.

Samstags arbeitete ich den ganzen Tag und kam manchmal erst gegen zehn Uhr abends nach Hause. Diese Hetzerei war ganz schön aufreibend. Den Sonntag widmete ich meinem Studium, denn an den anderen Tagen blieb mir zwischen Wäsche und Haushalt nicht viel Zeit. Doch es gefiel mir ...

Ich war freudig überrascht, so viele Afrikaner an der Uni anzutreffen. Auf dem Gymnasium waren wir nur drei oder vier gewesen. Doch sehr schnell ließ meine anfängliche Euphorie nach.

Hinter der Universität befand sich eine Unmenge von heruntergekommenen Gebäuden. Man hätte sich in einem Ghetto wähnen können. Die Leute achteten die Örtlichkeiten nicht. Und alle schimpften: »Der Staat hat Schuld.« Eine schöne Ausrede, um den Campus noch mehr verkommen zu lassen.

Verdammt noch mal! Wenn man an einem verdreckten, abstoßenden Ort lebt, dann muss man eben

Ordnung schaffen. In meiner Kindheit in Ruanda gab es Kollektivarbeiten – das war eine sehr sozialistische Methode, die Gesellschaft zu führen, aber wenigstens war so gewährleistet, dass wir nicht im Schmutz lebten. Die westlichen Regierungen müssten ihren Bürgern beibringen, Verantwortung zu übernehmen.

Ohne Stipendium hätte ich sicher größere Schwierigkeiten gehabt, meinem Studium nachzugehen; deshalb darf ich mich nicht beklagen. Aber manchmal kann ich einfach nicht anders. Die Menschen in einer Situation belassen, in der andere die Lösungen für sie finden, ist nicht von öffentlichem Nutzen.

An der Uni bin ich zu dieser Überzeugung gekommen. Ich besuchte nur meine Vorlesungen und fuhr gleich darauf zur Arbeit. Doch die Zeit reichte aus, um zu erkennen, wie unverantwortlich viele Studenten waren. Viele Faulenzer trieben sich hier herum. Einige Stipendiaten sagten: »Ich komme nur, um mich für ein Seminar einzuschreiben und um auf der Teilnehmerliste zu stehen.«

Ein anderes Mädchen verkündete mir eines Tages: »In einem Jahr kassiere ich meine Sozialhilfe, damit komme ich aus …«

Ich fand das alles empörend. Zum Glück hatte ich nicht genügend Zeit, um darüber nachzudenken. Ich fing mein neues Leben an und schuftete wie besessen.

Bei diesem Arbeitsrhythmus kam, was kommen musste – ich wurde vor Erschöpfung krank, und das ausgerechnet in den Ferien vor den Prüfungen. Ich musste für einen ganzen Monat ins Krankenhaus. Eine

Freundin brachte mir den Stoff der Vorlesungen vorbei, und ich verschlang sämtliche Bücher. Aus Angst, die Prüfungen wiederholen zu müssen, arbeitete ich noch mehr. Letztlich konnte ich doch das Examen ablegen. Ich bekam die volle Punktzahl in Öffentlichem Recht und den Glückwunsch vom Professor. Nachdem ich den Stoff aufgeholt hatte, schloss ich mein erstes Studienjahr im Juni ab.

Trotzdem überspannte ich den Bogen. Ich brauchte keine Psychotherapie zu machen, um herauszufinden, was los war. Hinter meiner Hyperaktivität verbarg sich ein Schmerz. Seit ich mit Yves zusammenlebte, war mir klar, dass unsere Geschichte nicht funktionieren würde. Ich ackerte wie ein Pferd, ich lernte, die Wochen rasten dahin ... Und Yves schenkte mir weder die Liebe noch die Aufmerksamkeit, die ich von ihm erwartet hatte.

Dieser Junge, Sportlehrer an einem Gymnasium, ging seinen Weg, ohne sich um die anderen zu scheren, entschied eigenmächtig für sich selbst, plante seine Ferien bei oder mit seinen Eltern, ohne mich, seine Partnerin, jemals mit einzubeziehen.

Wie jedes Mal, wenn mein Körper seine Grenzen überschritt und mein Herz keinen Widerstand mehr zu leisten vermochte, wurde ich erneut krank. Ich bekam schreckliche Migräneanfälle. Und wieder musste ich in die Klinik.

Die Ärzte nahmen alle möglichen Untersuchungen vor, um die Ursache für das Übel zu finden. Ich zog meine eigenen Schlüsse. Meine Krankheit taucht immer in den Zeiten auf, in denen ich mit psychischen Problemen konfrontiert bin, die mein Körper ablehnt. Es ist ganz einfach eine Art, etwas abzuleiten, etwas rauszulassen. Ich hatte jahrelang zu viel eingesteckt – den Genozid, die Vergewaltigung, die Reise nach Ruanda, meine Pflegeeltern und Yves ... Ich stand vor einer Mauer. Doch da ich mich weigere, die Dinge zu erkennen, die mir wehtun, holen sie mich plötzlich ein. Ich verdränge, ich verdränge, ich will immer weitergehen, ich will alles überwinden, und es kommt der Augenblick, da mich die Widerstandskraft verlässt.

Ich brauchte eine Zeit des Rückzugs, eine Zeit, in der man sich ein wenig um mich kümmerte. Und wenn man nichts anderes hat, geht man ins Krankenhaus ... Dort verbrachte ich weitere drei Wochen. Die Therapeuten schickten mich wieder nach Hause, weil sie mich nicht behandeln konnten. Aber wie heilt man die Schmerzen der Seele?

ALS 2000 DAS NEUE STUDIENJAHR begann, wurde ich mit dem alltäglichen Rassismus konfrontiert. Übrigens nahm ich ihn mehr bei Frauen wahr. Für die Männer geht es immer um Verführung. Bei den Frauen gibt es die Eifersucht, die Verachtung gegenüber dem Andersartigen. Einige stellten mir hinterhältige Fragen: »Ach, habt ihr in Afrika wirklich in einem richtigen Haus gewohnt?«

Eine Anspielung, die beinhaltete, dass wir alle in

Hütten lebten! Scheinbar harmlose, so dahingesagte Worte, die aber zum Ziel haben, den anderen zu erniedrigen. Oft lassen sich die Leute zu verletzenden Bemerkungen hinreißen.

Nicht dass ich besonders kontaktfreudig gewesen wäre. Ich blieb eher im engeren Kreis. Aber solche Reaktionen ermutigten mich nicht gerade. Wenn irgendwo ein unbekanntes Gesicht auftauchte, brauchte ich von dieser Person nur eine zweifelhafte Anspielung zu hören, und ich wandte mich ab und ging.

Beim Thema »Rassen« bleiben viele weiße Männer gleichgültig, solange ihre eigenen Töchter nicht mit einem schwarzen Jungen oder ihre Söhne nicht mit einer Schwarzen liiert sind ... Bei den Frauen fängt das Misstrauen gleich im ersten Augenblick an. Selbst wenn es um bloße Freundschaft geht, vermischt man in ihren Augen die Hautfarben nicht. Sie tun ihre Meinung offen kund. Ohne Scham gehen sie auf Abstand.

Was mich betrifft, so hätte ich eigentlich kein Problem haben dürfen, denn Yves begegnete mir mit offenen Armen. Im alltäglichen Zusammenleben aber hatte ich reichlich Gelegenheit, das Verhalten des so ganz von sich eingenommenen Weißen zu beobachten. Mit der Zeit fielen mir die kolonialistische Haltung und die strittigen Bemerkungen meines Partners auf.

»Die Schwarzen sind blöd«, verkündete er eines Tages, scheinbar ohne sich der Ungeheuerlichkeit seiner Bemerkung bewusst zu sein. »Und was ist mit mir?«, hätte ich ihn gern gefragt. »Hast du meine Hautfarbe überhaupt wahrgenommen? Siehst du mich wirklich?«

Doch langsam hatte ich seine Persönlichkeit durchschaut. Nie unternahm er einen Versuch, mich seiner Familie vorzustellen. Er besuchte sie immer nur allein. In den Weihnachtsferien zum Beispiel stahl er sich davon, ohne einen Gedanken daran zu verschwenden, was aus mir in dieser Zeit wurde. Ich fand das einfach widerlich.

Wenn seine Eltern bei uns anriefen und ich ans Telefon ging, warfen sie den Hörer auf die Gabel. Und das schockierte ihn nicht einmal. Sein Kommentar war nur: »Sie sind es nicht gewöhnt, das muss man verstehen.«

»Woran sind sie nicht gewöhnt?«

»Komm, Annick, du weißt ganz genau, wovon ich spreche ...«

Er hat uns nie miteinander bekannt gemacht. Ich bin ihnen nur ein einziges Mal begegnet, nach unserer Trennung, als ich meine Sachen bei Yves abgeholt habe. Sie gaben mir die Hand und sahen mir nicht in die Augen.

»Solche Mädchen«, sagte Yves' Mutter eines Tages zu ihrem Sohn, »werden schwanger, um den Jungen an sich zu binden. Das war schon immer so. Pass auf, dass sie die Pille nimmt. Überwach sie genau!«

Ich war gerade in der Nähe des Telefons und habe alles gehört. Da nahm ich ihm den Hörer aus der Hand und sagte zu ihr: »Madame, Sie kennen mich doch gar nicht! Was soll das heißen, ›solche Mädchen‹? Ihr Sohn ist wirklich ein Schwächling. Wenn ich ihn behalten will, dann behalte ich ihn auch, und zwar ohne schwanger zu werden! Ich könnte ihn sogar ganz Ihrem Einfluss entziehen, doch das interessiert mich nicht ... Wenn ich mit ihm lebe, dann, weil ich glaube, dass er meiner würdig ist.«

»Aber ich habe gar nicht mit Ihnen geredet«, protestierte sie.

»Hören Sie«, fuhr ich fort. »Ich spiele dieses Spiel nicht mit. Ich kritisiere Sie nicht, also urteilen Sie nicht, ohne mich zu kennen.«

»Aber Sie müssen verstehen, mein Mann ist es, der ...«

»Nein, nicht Ihr Mann. Sie haben es selbst am Telefon gesagt. Ich hab's genau gehört. Und merken Sie sich, wenn Sie in Zukunft hier anrufen, stelle ich den Lautsprecher an. Ich kenne Ihre Intrigen. Rufen Sie Ihren Sohn also besser das nächste Mal nicht auf unserem Telefon an, wenn Sie Schlechtes über mich sagen wollen. Bis auf weiteres ist diese Wohnung auch meine. Ich erwarte, respektiert zu werden.«

Gleichermaßen besuchten Yves' Eltern ihren Sohn nur, wenn ich fort war. An Tagen, an denen ich von morgens bis abends arbeitete, tauchten sie plötzlich in Paris auf. Am Samstag zum Beispiel ließen sie sich bei uns zu Hause zum Abendessen einladen und schliefen im Hotel.

Und wieder musste ich mich zur Wehr setzen, ich griff zum Telefon, um ihnen meine Meinung zu sagen: »In Zukunft werden Sie nicht mehr kommen, wenn ich außer Hause bin. Ich bin bei Ihnen nicht willkommen, also sind Sie es auch bei mir nicht.«

Yves nahm mir das sehr übel. Doch ich sagte unverblümt meine Meinung: »So ist es nun mal. Wenn es dir nicht gefällt, dann trennen wir uns eben! Ich verbringe mein Leben nicht mit jemandem, der mich nicht achtet. Das kommt gar nicht in Frage.«

Unseren Freunden gegenüber stand er hingegen zu unserer Beziehung. Sie warnten ihn: »Wenn du das Problem nicht löst, verlässt sie dich.«

Die Sommerferien brachte ich damit zu, zwischen Job und Ärzten hin und her zu hetzen. Im zweiten Studienjahr stürzte ich mich erneut und im selben Tempo in Vorlesungen und Studienarbeiten. Sportgeschäft und Uni. Sportgeschäft und Uni.

Außer der Müdigkeit machte mir noch immer mein Knie zu schaffen ... Ich musste den Alltag bewältigen, den Stress, die Erinnerungen. Seit dem Genozid schlief ich meistens schlecht, und im Laufe der Zeit wurde es immer schlimmer. Wie sehr ich mir auch einredete, dass ich mit Ruanda abgeschlossen hatte, mein Unterbewusstsein hatte es nicht vergessen. Meine Schlaflosigkeit zog schwere Migräneanfälle nach sich, mein Nebenjob rieb meine Kräfte auf. Ich musste unbedingt eine weniger anstrengende Arbeit finden. Nach diesem Entschluss sprach ich meine Wirtschaftsprofessorin an, und sie bot mir daraufhin eine Assistentenstelle für die Erstsemester an. Jetzt musste ich nur noch die Operation hinter mich bringen. Die Chirurgen rückten meine Kniescheibe wieder zurecht, und ich konnte meinen Weg weitergehen.

IM DRITTEN STUDIENJAHR arbeitete ich also an der Uni. Ich konnte meine Stunden für die Kurse selbst festlegen. Jeden zweiten Tag hatte ich am Morgen eine Gruppe, an den anderen Tagen gab ich um die Mittagszeit Unterricht. Das reichte mir im Großen und Ganzen ... Und keine Sekunde vermisste ich das Neonlicht des Sportgeschäfts!

Meine Studenten waren nett. Es war lustig, sie sprachen mich mit Madame an und siezten mich. Am ersten Tag bin ich halb gestorben vor Angst, doch alles verlief bestens. Diese neue Erfahrung gefiel mir.

Yves und ich lebten von Oktober 1999 bis Juli 2002 zusammen. Selbst wenn unsere Beziehung zu wünschen übrig ließ, gab mir diese Lebensform doch einen sozialen Status. Ich hatte einen Freund, wir wohnten gemeinsam in einer Wohnung, und so wurde ich wie alle anderen ...

Ich allein war nicht anerkannt. Man respektierte Annick und Yves. Annick als einzelnen Menschen nahm man gar nicht wahr. Das wenigstens war mein Eindruck.

Dieser Kompromiss gab mir Sicherheit, das zu tun, was ich wollte. Schade, dass diese Sicherheit nicht auf echten Gefühlen basierte ... Weil ich nichts anderes kannte, wagte ich nicht, mir Besseres zu erhoffen.

Mit meinen Freunden machte ich Sport, ich ging auf Feste. Das war nett und machte Spaß. Doch seitdem ich die Liebe von David und tiefere Freundschaften erfahren habe, wie die zu Raphaël, Pierre und dem anderen David, strebe ich mehr Aufrichtigkeit an. Sie interessieren sich wirklich für meine Sorgen und verstehen mich ohne große Worte. Diesen Anspruch hatte ich während meines Zusammenlebens mit Yves nicht. Unsere Liebesgeschichte hatte sich in eine Wohngemeinschaft verwandelt.

Yves stellte sich gern vor, dass ich ohne ihn nicht zurechtkäme. Er hat immer geglaubt, ich könne ihn nicht verlassen, weil ich ohne ihn nichts sei. So war es schwer für ihn zu sehen, dass mir letztlich alles, was ich anpackte, gelang. Es frustrierte ihn zu erkennen, dass ich ganz gut zurande kam. Er musste sich selbst einreden, dass ich von ihm abhängig war. Er wusste nichts von meinen Erfahrungen und von meiner Fähigkeit mich allein durchzubeißen.

Auch ahnte er nichts davon, wie hartnäckig sich meine Erinnerungen hielten, obwohl ich sie natürlich eine Zeit lang hatte verdrängen wollen. Eine erneute Reise nach Ruanda sollte mein Gedächtnis auffrischen ...

Die Zeugenaussage

IM APRIL 2002 INFORMIERTE MICH meine Tante Gloriose, dass im Juli der Prozess gegen Adolphe und die endlich festgenommenen Nachtwächter stattfinden sollte. Sie rief direkt aus Ruanda an: »Du musst aussagen. Kein anderer will und kann es tun. Wenn du nicht kommst, wird man sie aus dem Gefängnis freilassen.«

Kurz zuvor hatte sie den Orden verlassen, genauer gesagt, man hatte sie ausgeschlossen, weil sie ihre Meinung kundtat ... Bis dahin hatte sie seit dem Genozid geschwiegen und sehr unter der Situation gelitten. Einerseits musste sie sich mein ständiges Schimpfen und Drängen anhören, weil sich niemand um Victors Leiche kümmerte, andererseits hatte sie die Last ihres Kummers zu tragen und die Hierarchie im Orden zu respektieren.

Nachdem sie immer wieder die Forderung in meinen Briefen gelesen hatte, wir müssten die sterblichen Überreste unseres Freundes bestatten, hatte sie auf diese Probleme hingewiesen wie auch auf die, die im Zusammenhang mit dem Tod meiner Mutter standen und von denen niemand etwas wissen wollte. Also wurde sie entlassen. Danach hat sie Adolphe angezeigt und verlangt, dass das Grundstück der Schule untersucht würde. Das hat viel Staub aufgewirbelt, und meine Tante war Repressalien ausgesetzt.

»Ich wollte mit Ruanda brechen«, dachte ich mir, »und nun holt es mich wieder ein.« Auf keinen Fall würde ich mich entziehen. Ich musste es tun. Für Victor, für meine Familie. Ich war es mir schuldig hinzufahren, die Wahrheit zu sagen und meine Pflicht als Überlebende zu erfüllen.

Das Semester ging zu Ende. Yves war in seine Heimatstadt Lyon versetzt worden. Er packte seine Sachen. Ich war entschlossen, ihn nicht zu begleiten, doch da ich nicht genau wusste, wie ich mich verhalten sollte, half ich ihm. Ich teilte unsere Sachen auf. Das Problem war vor allem, dass ich einen Ort finden musste, um meine Habseligkeiten unterzustellen, während ich in Ruanda sein würde. Keiner meiner Freunde konnte sie nehmen.

Doch der Umzug war nicht meine einzige Sorge, denn ich hatte so gut wie kein Geld mehr. Glücklicherweise fand ich immer Verständnis bei meiner Bank. Dem damaligen Kundenbetreuer erklärte ich die Bedeutung meiner Reise, und ich versicherte ihm, dass ich zurückkommen, arbeiten und meine Schulden begleichen würde. Ohne weitere Diskussionen half er mir.

Eine Woche später landete ich in Kigali. Rechtzeitig, um meine Pflicht zu erfüllen und gegen die verhafteten Mörder aus der Schule auszusagen: gegen Adolphe und die Nachtwächter, die uns verraten, denunziert und sich vor meinen Augen in Kriminelle verwandelt hatten.

BEI DIESEM PROZESS ging es um die Verbrechen an meiner Mutter, an Victor und zehn anderen Personen.

Die Öffentlichkeit war zur Verhandlung zugelassen. Es gab einen Vorsitzenden, drei Richter und einen Staatsanwalt, aber keine Geschworenen. In dem vollen Zuhörerraum entdeckte ich einige treue Freunde, unter anderem Thierry.

Vom ersten Moment des zweiwöchigen Prozesses an wurde uns klar, dass es sich um eine Farce handelte. Normalerweise bedurfte es wohl fünf Zeugen, um Anklage erheben zu können. Doch die einzigen Zeugen waren ich selbst und Hélène, eine überlebende Tutsi, eine Freundin und Kollegin meiner Mutter, die am 30. April, jenem Tag, an dem meine Mutter ermordet wurde, Zuflucht in der Schule gesucht hatte. Auch sie hatte bis auf eine Schwester ihre ganze Familie verloren.

Was mich betraf, so kämpfte ich gegen meine Gefühle, die der Anblick meiner ehemaligen Henker auslöste, und sagte zweimal aus, doch die Richter hörten mir gar nicht zu. Eine Richterin, die schwanger war, zerriss kleine Papierstücke und sah alle drei Minuten gelangweilt auf ihre Uhr. Die zwei anderen flüsterten miteinander. Sie interessierten sich absolut nicht für meinen Bericht.

Überdies hatte ich neben den sieben Angeklagten,

die den Richtern gegenüber saßen, zu stehen. Man hatte diese sieben Männer zusammen in eine Zelle gesperrt, und nun erfanden sie während des Prozesses die Geschichte von vorne bis hinten neu.

Die Richter stellten Fragen. Sie wollten wissen, was sich ereignet hatte, wie Adolphe uns verraten und wie die Nachtwächter »gearbeitet« hatten. Also habe ich alles erzählt. Ich habe ihnen wirklich gesagt, was ich wusste und an was ich mich erinnerte. Vergeblich. Die Angeklagten haben alles abgestritten und die Verantwortung auf die Soldaten geschoben, die dabei waren. Sie schworen, sie seien nicht die Schuldigen. Sie hätten Victor tot aufgefunden, doch sie wüssten nicht, wer ihn ermordet hatte.

Hélène, meine einzige Unterstützung, musste sich dauernd übergeben. Ich verstand zunächst nicht, warum. Am letzten Tag schließlich fiel mir auf, dass das Gericht nur wenige Meter von ihrem ehemaligen Haus entfernt lag, in dem die Milizen ihre Familie umgebracht hatten. Man ist eben nie aufmerksam genug.

Nachdem sich die Richter zur Beratung zurückgezogen hatten, verkündeten sie das Urteil. Meine Aussage, so erklärten sie, sei nicht stichhaltig. Es mangele an Beweisen. Ich wusste nicht, was ihnen noch fehlte! Sicher waren die Angeklagten durch Bestechung davongekommen. Es war von Anfang an klar, dass man sie freilassen würde.

Tief verletzt angesichts des Verhandlungsausgangs, hatte ich gerade noch Zeit, die Mörder zu fragen: »Wenn jemand weiß, wo sich die sterblichen Überreste meiner Familienangehörigen befinden, wäre ich froh, wenn man es mir mitteilen würde.«

Ich wusste, dass es eine weitere Prüfung für mich wäre, sie zu finden, aber ich wollte mit der Sache abschließen. Darum hatte ich auch ausgesagt. Die anderen Menschen, deren Ermordung ich mit angesehen hatte, standen mir nicht nahe. Aber Victor kannte ich, ich kannte seine Frau, sein Kind, und ich habe noch heute Kontakt zu seinem Bruder und seiner Schwester, den einzigen Überlebenden der Familie! Ich war es mir schuldig, ihnen zu helfen. Er war ein guter Mensch gewesen, ein Freund meiner Mutter. Und kein Mensch, nicht einmal ein schlechter, hat ein solches Ende verdient.

WÄHREND DES PROZESSES wohnte ich bei meiner Tante in Butare. Dann fuhr ich nach Kigali in das Haus von Jean und Claire, einem Geschwisterpaar von etwa dreißig Jahren. Ich habe in ihnen von jeher eher Verwandte als Freunde gesehen, und so verhielten sie sich jetzt auch.

Bei meiner Ankunft hatte ich verkündet, wenn die Mörder freigesprochen würden, würde ich sofort abreisen. Ich hatte keine Lust, mich von ihnen umbringen zu lassen. Würden sie hingegen zu einer Gefängnisstrafe verurteilt, würde ich bleiben ...

Trotz des Urteilsspruches konnten mich die beiden davon überzeugen, meinen Aufenthalt im Land zu genießen. Ich bin eine Woche länger geblieben. Wenn

Claire keine Zeit hatte, sich um mich zu kümmern, übernahm Jean den Part, oder sie vertrauten mich Freunden an.

Wir waren zusammen, wir trafen Bekannte, wir gingen ins Restaurant oder zum Tanzen, wir lebten einfach. Ein Leben, das mir vorher unbekannt gewesen war, denn ich war bei meiner Übersiedelung nach Frankreich zu jung gewesen und hatte vorher nur Ausflüge im Familienkreis gekannt.

Hier in Ruanda fehlte mir meine Familie noch immer sehr. Doch mit meinen Freunden erlebte ich entspannte Augenblicke. Es gelang ihnen, mir Freude am Land zu vermitteln und mir die guten Seiten von Ruanda zu zeigen.

Eines Tages sagte Jean, der sehr charmant sein konnte: »Kommt, Mädels, ich zeige euch den Präsidenten!«

»Welchen Präsidenten?«

»Na, ratet mal!«

»Kagame?«

»Ihr werdet es erleben! Heute Abend gibt es in einem Nobelrestaurant eine Weinversteigerung zu Gunsten einer AIDS-Selbsthilfegruppe, die von der Präsidentengattin gegründet wurde ...«

»Ich glaube, ich träume! Das soll wohl ein Witz sein!«

»Macht euch hübsch! Gegen siebzehn Uhr hole ich euch ab.«

Sogleich werden Claire und ich aktiv. Wir gehen zum Friseur und zur Maniküre. Ich mag diese vertraulichen Momente zwischen Claire und mir ...

Schließlich ziehen wir los. Überglücklich, mit der Oberschicht von Kigali südafrikanischen Wein kosten zu dürfen und eine unbekannte Welt zu entdecken, habe ich ansonsten keine Vorstellung, was uns erwartet.

Wir betreten das Restaurant. Eine angenehme Atmosphäre. Eine illustre Gesellschaft in einem wundervollen Rahmen, bezaubernde Mädchen und hübsche Jungen plaudern unbefangen mit uns.

Gegen neunzehn Uhr verstummen plötzlich die Gespräche. Zwischen zwei Gästen erblicke ich einen hoch gewachsenen, schlanken Mann. Jean hat mir kein Märchen aufgetischt. Das ist der Präsident! Es ist Kagame, mein Held, der Befreier des Landes! Er steht leibhaftig vor mir.

Plötzlich werde ich nervös. Ich fühle mich wieder ins Jahr 1994 zurückversetzt. »In was hat uns Jean da hineingezogen?«, denke ich unruhig. Für mich gibt es keinen Zweifel: Diesen Mann zu sehen, ist eine Sünde. Ich kann mich nicht von der Vorstellung befreien, dass ich ein Staatsverbrechen begehe.

Kagame begrüßt alle. Als er sich uns nähert, verkrampfe ich mich. »Nicht doch«, sage ich mir. »Nur nicht übertreiben. Ich will ihn mir gerne aus der Ferne ansehen, aber ich will nicht mit ihm fotografiert werden. Damit würde ich mein eigenes Todesurteil unterschreiben!« Ohne etwas von den Qualen zu ahnen, die mir sein Auftreten bereitet, schiebt der große Mann vorsichtig die Person zur Seite, die vor mir steht, und schüttelt mir die Hand. Dann wendet er sich ab, um einen anderen Gast zu begrüßen.

Sofort gehe ich zu Jean: »Du bist ja verrückt geworden, ich habe keine Lust, mich umbringen zu lassen!«

Er lacht schallend: »Zouzou, wach auf! Die Welt hat sich verändert. Seit sieben Jahren herrscht wieder die FPR im Land, seit sieben Jahren ist dieser Riese der mächtigste Mann von Ruanda, und seit sieben Jahren ist der Krieg vorbei.«

Mein Gott, wie lange werde ich brauchen, um das endlich zu begreifen? Mir klar zu machen, dass der Schrecken Vergangenheit ist ...

Schließlich gehen wir in einem Restaurant essen und kommen erst um sieben Uhr morgens todmüde nach Hause.

Ein anderes Leben beginnt.
Trotz der Niederlage bei dem Prozess, des Freispruchs der Angeklagten und des Unverständnisses, das die Richter mir entgegengebracht haben, beglückwünsche ich mich, daran teilgenommen zu haben. Ich habe ausgesagt, und das ist das Wichtigste. Und ich werde weiter aussagen. Doch jetzt muss ich in persönlicher Hinsicht weiterkommen.

Während meiner ganzen Reise hat mich Yves nicht ein einziges Mal angerufen, um sich zu erkundigen, wie ich diese Prüfung durchgestanden habe.

Jedes Mal, wenn ich ruandischen Boden verlasse, fasse ich einen wichtigen Entschluss. Ich werde mich von meinem Freund trennen. Ehrlich gesagt langweilt er mich seit fünf Jahren.

Zu Hause erwartet mich die Nachricht, dass ich zum Magisterstudiengang in Politischen Wissenschaften an der Sorbonne zugelassen bin. Plötzlich bin ich überzeugt, dass ich die Phantome der Vergangenheit überwinden und auf eine andere Art mit meiner Geschichte fertig werden kann.

Mit dieser optimistischen Einstellung ziehe ich mit Aline zusammen, die mittlerweile auch im Großraum von Paris lebt.

Ich genieße es, mit meiner Schwester, drei anderen Freundinnen und einem Kommilitonen das Leben einer ungebundenen Studentin zu führen. Zwar arbeite ich immer noch wie eine Wahnsinnige, doch ich bin fröhlich, und ich nehme mir die Zeit, am Wochenende abzuschalten, mich mit meinen Mitbewohnern zu amüsieren und mit einem guten Glas Wein anzustoßen.

Yves ist ebenso schnell aus meinem Leben verschwunden, wie er aufgetaucht ist. Ich atme auf. Diese Freiheit gefällt mir. Auch wenn ich noch immer nicht weiß, wohin mich mein Weg führt, und das Gefühl habe, an einer Rettungsaktion beteiligt zu sein, komme ich voran. Sozusagen im Blindflug, doch mit der Gewissheit, bald das Schlimmste hinter mir zu haben. Es scheint zweifelsfrei, dass ich mich meiner Wahrheit nähere, wobei mir das Studium sicherlich hilft ...

Die Hoffnung auf ein Morgen

So ging mein Leben weiter bis April 2003. Dank meiner guten Noten hatte ich es also geschafft, an der Sorbonne aufgenommen zu werden. Zusammen mit einem anderen Mädchen war ich mit der Bewertung »gut« Examensbeste gewesen. Dass ich nun diesen erlesenen kulturellen Ort besuchen durfte, war einfach traumhaft.

In einem harmonischen Umfeld waren Professoren und Studenten gleichermaßen ein Ansporn für mich. Die Vorlesungen verliefen friedlich. Wir wurden gehört und geachtet.

Ob in der Sorbonne oder während der Arbeitsstunden in der Bibliothek – überall konnte ich mich konzentrieren und musste mich nicht über Leute ärgern, die sich laut unterhielten, aßen oder Seiten aus Büchern rissen. Diese Lebensform änderte alles für mich. Wenn ich abends die Regionalbahn nahm, war ich rundum zufrieden.

In persönlicher Hinsicht steigerte es mein Selbstwertgefühl. Wenn ich an die Ruander dachte, die im Frühjahr 1994 in der Zeit der Macheten ähnliche Dramen wie ich durchgemacht hatten, so sagte ich mir, dass ich es doch besser getroffen hatte.

Dann bin ich einem unglaublichen Mädchen begegnet – Shora, eine Iranerin mit Wohnsitz in Schweden, die im Rahmen eines Studienprogramms ein Jahr in Frankreich verbrachte. Wir waren bald unzertrennlich. Doch wir waren auch von vielen Freunden umgeben. Die Atmosphäre war angenehm, warmherzig, anregend.

Wenn in der Sorbonne ein Student krank war, fand sich immer jemand, der ihm den Vorlesungsstoff vorbeibrachte. Sobald es wichtige Informationen oder Bücher für irgendeine Prüfung auszutauschen gab, teilten wir es uns gegenseitig mit. Sicher hatte ich besonderes Glück, in einen sympathischen Jahrgang geraten zu sein. Wie auch immer, ich fühlte mich sehr wohl.

Trotz Geldknappheit gingen wir viel aus und trafen uns im Café. Das Budget des einen ergänzte das des anderen und umgekehrt. Dieses Studienjahr an der Sorbonne war wirklich großartig und inspirierend.

Bald aber musste ich an meine Magisterarbeit denken, und das Thema war schnell gefunden. Es ging um Ruanda! Deshalb plante ich im Frühjahr 2003, kurz vor Semesterende, eine erneute Reise vor Ort.

Einer der Professoren machte mich bekannt mit David und Raphaël, zwei Studenten der politischen Wissenschaften, und Pierre, der schon im Berufsleben stand. Alle drei waren Cineasten und wollten einen Dokumentarfilm über mein Heimatland drehen. Und so kamen wir überein, die Reise gemeinsam anzutreten.

AM 22. MÄRZ TRAFEN WIR UNS in Brüssel am Südbahnhof. Gemeinsam mit Raphaël pilgerte ich durch die belgische Hauptstadt, um unsere Flugtickets zu kaufen. Die drei Schussel hatten nämlich nur Schecks dabei, wir mussten aber bar bezahlen. So klapperten wir die halbe Stadt ab, um eine Lösung zu finden und die Schecks in klingende Münze, das heißt in dreitausend Dollar, zu tauschen.

David und Pierre warteten den ganzen Nachmittag im Bahnhof und wunderten sich allmählich, wo wir wohl blieben. Wir hatten kein Handy. Der Wahnsinn! Schließlich rief ich meine beste afrikanische Freundin Natacha an, die nun in Brüssel lebte, und sagte zu ihr: »Lauf bitte zum Bahnhof. Dort wirst du zwei junge Weiße sehen, die sich mit ihren Bergen Gepäck nicht vom Fleck rühren können. Beruhige sie. Wir sind schon seit über fünf Stunden unterwegs ...«

Zu guter Letzt konnten wir das Problem lösen. Dann gingen wir bis sechs Uhr morgens in eine Diskothek. Nachdem wir uns kurz frisch gemacht und den Bus zum Airport genommen hatten, stiegen wir ins Flugzeug.

Gleich nach unserer Ankunft in Ruanda wurde erneut gefeiert. Diese Jungs gaben mir echte Lebensfreude zurück. Wir wurden unzertrennlich wie Geschwister.

Mit ihnen erlebte ich eine wirkliche Heimkehr in mein Land. Ohne Angst, oder fast. Jedenfalls wurde ich nicht mehr so unmittelbar von ihr überwältigt. Pierre blieb vier Wochen, ich fünf, David und Raphaël knapp zwei Monate.

Die drei drehten unermüdlich. Sie suchten Gefangene und Überlebende auf. Um einen abendfüllenden Film über den Genozid zu machen, durchquerten sie Ruanda von Nord nach Süd.

Ich zog es vor, für meine Magisterarbeit in Kigali und Umgebung zu bleiben. Ich musste Kinder und Heranwachsende von damals zehn bis siebzehn Jahren auftreiben, die an dem Gemetzel beteiligt gewesen waren, die vergewaltigt, denunziert und andere Gräueltaten begangen und ihre Verbrechen gestanden hatten.

GLEICH ZU BEGINN MEINER Recherchen fand ich in den Archiven der Staatsanwaltschaft von Kigali die nötigen Dokumente. Ohne zu wissen, dass Jean Hatzfeld an *Une saison de machettes (Zeit der Macheten)* arbeitete, behandelte ich ein ähnliches Thema wie er. Im Gegensatz zu seiner Studie konzentrierte ich mich auf die Kinder, die, ob man es wahrhaben will oder nicht, einen Teil der Zukunft Ruandas darstellen.

Als ich sie aufsuchte, war ich allerdings darauf gefasst, dass sie ihr Tun bereuen würden. Doch so unglaublich es erscheinen mag – keiner hatte die geringsten Gewissensbisse. Sie hatten nicht die leiseste Vorstellung von der Tragweite ihrer Taten. Sie setzten ihr Leben fort. In aller Ruhe, als wenn nichts gewesen wäre.

Es ist schwer herauszufinden, ob sie immer noch Hass gegen die Tutsi hegen. Sie werden es mir nicht sagen, jetzt, da ihre Feinde an der Macht sind. Gleichzeitig aber verhehlen sie nicht, dass ihre »Arbeit« nicht beendet ist. Wie auch immer, man kann sie nicht ewig gefangen halten. Es würde, glaube ich, zwei Jahrhunderte dauern, sie alle vor Gericht zu stellen, so zahlreich wie sie sind.

Bei meiner Recherche wollte ich mich auf die Beteiligung und Resozialisierung der jüngsten Täter des Völkermords konzentrieren – eine wesentliche Frage, sei es auf der persönlichen Ebene oder in dem Bemühen, den ruandischen Genozid zu begreifen. Auf der ständigen Suche nach Tutsi, die sie ausrotten konnten, töteten die Mörder wie im Rausch. Ihr Verhalten war mir schon immer ein Rätsel. Das plötzliche gemeinsame Abdriften so vieler Zivilpersonen in den Horror verweist auf das Ausmaß der Vorarbeit bei den Hutu-Massen und ihre Obrigkeitsgläubigkeit – der »Bewusstseinsarbeit«, wie die extremistische Ideologie sagt.

Wir erinnern uns alle an die vielen Kindersoldaten der Roten Khmer, die für das Pol Pot-Regime die Drecksarbeit ausführten. In Ruanda waren die Milizen des Genozids, die *Interahamwe*, aus der Jugendbewegung des MNRD, hervorgegangen. Es handelte sich zunächst um das Werk »unserer Jungen«, wie sie in den radikalen Kreisen genannt wurden. Aber wie kann ein Kind dieser »kollektiven Psychose« verfallen? Wie wird die Tatsache, seinen Nachbarn zu töten, zu einem natürlichen Akt? Wie kann man später leben mit der Last dieser Morde? Kann man diese Kinder von damals nach ihrem Verfall in den Wahnsinn des Völkermords umerziehen und wieder in eine friedliche Gesellschaft eingliedern?

Um Antworten auf diese Fragen zu finden, besuchte ich die Gefängnisse von Kigali, Gikondo, Gitarama, Nyanza und Gikongoro sowie das Lager von Kinyinya. Im Laufe der Gespräche hatte ich große Probleme, die Gefangenen objektiv zu betrachten. Die fehlende Reue der befragten Personen, die Begegnung mit den Opfern, die den Genozid überlebt hatten, und den Orten, an denen die Gräueltaten verübt worden waren, ließen in mir Gefühle des Widerwillens aufkommen. Ich überwand diese Schwierigkeit, indem ich meine Aufmerksamkeit auf die sozialen Mechanismen konzentrierte, die diese Kinder in Mörder verwandelt hatten.

Auf diese Art fand ich Worte für das Grauen. Das Verbrechen des Genozids birgt in sich selbst das Fundament seiner Verleugnung, da es zu »außergewöhnlich« ist, um in der traditionellen strafrechtlichen Verantwortlichkeit dem Einzelnen angelastet zu werden. Die Mörder suchen jede individuelle Verantwortung hinter einer vermeintlich kollektiven Verantwortung zu verbergen. Als Opfer sozialer Spiele, denen sie nicht gewachsen gewesen wären, seien sie nur eines der vielen Glieder in einer obskuren Befehlskette gewesen.

Im Schutze der soziologischen Objektivität näherte ich mich den Tätern an, wie man es bei dieser Art von Arbeit für gewöhnlich tut. Hätte ich Abstand genommen, hätte dies bedeutet, sie aus ihrer Verantwortung zu entlassen. Diese Problematik erschien mir unüberwindlich. Zudem zog ich es vor, die Probleme eher anzuschneiden als eine Erklärung oder unzureichende Lösung vorzugeben. So wenigstens habe ich es in meiner Einleitung dargelegt. Übrigens sprechen die gesammelten Zeugenaussagen für sich. Sie zeigen ganz deutlich, dass sich das Regime von Präsident Habyarimana auf die Legitimation einer sozialen und wirtschaftlichen Apartheidpolitik gründete, die die ruandischen Kinder den Hass auf die Tutsi lehrte.

Eine Frage aber bleibt: Wo muss man anfangen, um Ruanda neu aufzubauen? Soll man warten, dass diese Generationen aussterben und auf die späteren zählen? Was soll man denen, die nachkommen, als Werte mit auf den Weg geben?

Viele Menschen, Präsident Kagame vorneweg, sprechen von Versöhnung und Verzeihen. Die Täter des Genozids werden freigelassen und kehren in ihre Häuser, auf ihr Land zurück. Sie müssen eine gemeinnützige Arbeit leisten, um die Gesellschaft zu entschädigen. Unterdessen aber bleiben die Überlebenden, denen niemals auch nur der geringste Teil ihres Hab und Guts zurückgegeben wurde, die ewigen Opfer.

Mit wem sollte ich mich also versöhnen? Mit denen, die meine Familie abgeschlachtet und diejenigen umgebracht haben, die ich liebte? Wem muss man vergeben? Mich bittet niemand um Verzeihung. Die Mörder scheren sich nicht um das Leid, das sie verursacht haben, sie haben nur ihre »Arbeit« getan. Wirklich, ich möchte meine Kinder nicht Groll oder Hass lehren. Gleichzeitig frage ich mich, wie es möglich sein soll ...

Was hat das Niederschreiben der Zeugenaussagen also in mir bewirkt? Schwer zu sagen. Es hat mich ernüchtert. Lange habe ich gehofft, dass sie Reue zeigen würden, dass sie anerkennen würden, getäuscht worden zu sein. Doch diese Individuen gleichen mehr Tieren denn menschlichen Wesen. Und während ich den geringsten Anlass suchte, Nachsicht zu üben, fühlte ich mich erneut von ihrer Unmenschlichkeit attackiert.

DIE GESPRÄCHE UND DIE Auswertung von Raphaël, David und Pierre führen zu demselben Ergebnis. Mit dem Unterschied, dass ihre Arbeit eine Nachstellung, eine Umsetzung des Unaussprechlichen in Bilder ist.

Um die Last dieser Arbeit ertragen zu können, verbrachten wir viel Zeit miteinander. Wir gingen gemeinsam in die Gefängnisse, wir wohnten zusammen. Anfangs ein paar Tage im Hotel, dann bei Jean und Claire, bei denen ich schon auf meiner letzten Reise gewohnt hatte. In diesem großen Haus versuchten wir, die Anspannung auszugleichen, zu relaxen, zu scherzen und uns an die Hoffnung zu klammern.

In Ruanda ist es nicht üblich, allein zu leben, auch nicht als Paar, solange man nicht verheiratet ist. Und ich teilte den Alltag gleich mit vier Jungs! Doch so unter uns jungen Leuten zu sein, gab uns allen Kraft. Jean und seine Freunde haben uns sehr bei unseren Unternehmungen geholfen.

Wir durchlebten zusammen viele intensive und

auch schwere Augenblicke. So besuchten wir die Gedenkstätten des Genozids, Orte der Andacht, vor allem die in Murambi, jene Technikschule, wo fünfzigtausend Menschen niedergemetzelt worden waren. Dort ließen die Behörden gleich in den ersten Tagen nach der Befreiung die Massengräber öffnen. Einige Tote wurden herausgenommen und Kalk über ihre sterblichen Überreste gestreut. Jetzt kann man diese Körper sehen, erstarrt in einem Schrei, die Arme flehend vorgestreckt, Kinder an ihre Mutter geklammert ...

Im Mausoleum von Gisozi sind auf der einen Seite Schädel, auf der anderen Knochen gestapelt. Das wirkt eher abstrakt. Hier spürt man noch eine gewisse Distanz, was beim Anblick der Opfer von Murambi unmöglich ist. Dort ist es unmittelbarer. Wenn man herauskommt, ist man unfähig, auch nur ein Wort zu sagen. Das Gleiche gilt für Nyabarongo, einen Fluss, in dem die Militärs unzählige Tutsi ertränkt haben.

Wir waren täglich mit dem Unerträglichen konfrontiert, und so mussten wir irgendwann Dampf ablassen ...

Wieder zu Hause rissen wir wie besessen Witze, wie sie in unserer Altersgruppe üblich sind, und zogen uns gegenseitig auf. Das entspannte die Atmosphäre. Es half uns, an etwas anderes zu denken und Abstand zu dem Grauen zu gewinnen.

Am 7. April nahmen wir an einer offiziellen Gedenkfeier teil. Es war das erste Mal, dass ich in Ruanda bei einer solchen Veranstaltung anwesend war. Wir standen vor der Tribüne, die den Honoratioren vorbehalten war, wenige Meter von Kagame entfernt. Ganz in Schwarz gekleidet kam ich an diesem Gedenktag vor Hitze fast um. Neun Jahre später bestatteten sie die Toten, etwa 4500 an der Zahl. Am Ende der Zeremonie gaben meine Beine nach. Pierre und Thierry fingen mich auf und setzten mich hin. Ich konnte nicht mehr.

Wenig später wurde in der Region von Kigali ein Massengrab entdeckt. Beim Bestellen ihrer Felder stoßen die Bauern immer wieder auf Leichen ... Eine Vereinigung von Überlebenden meldete sich bei uns. Sie hatten dieses Grab gefunden. Ich war außerstande, diesem Aufruf zu folgen. Man muss seine Grenzen kennen. Seitdem ich 1997 bei meinem Ruanda-Besuch ein solches Massengrab gesehen habe, bin ich zu dem Entschluss gekommen, mir so etwas nie wieder anzutun.

Die Jungs sind hingegangen. Um acht Uhr morgens grub man die Leichen aus. Wenige Stunden später betranken sich meine Freunde mit Whisky.

In dem Film interviewten sie ein Mädchen, das in diesem Moment den Rock ihrer Mutter wieder erkannt hatte. Sie erzählte, wie ihre Mama vor ihren Augen vergewaltigt und dann getötet worden war.

Als sie von diesem Ort des Grauens zurückkehrten, wiederholten Raphaël und David immer wieder: »Das kann nicht wahr sein! Wir werden nie mehr wie vorher leben können!«

Es haftete noch dieser so ganz spezielle Geruch des Todes an ihnen. Sie sagten: »Wir riechen nach Aas.« Sie wuschen sich und ihre Kleidung und stanken immer noch. Sie duschten erneut und wuschen ihre Kleider ein zweites Mal. Sie hatten Lust sich auszuziehen, nackt durch die Straßen zu laufen … Und sie tranken viel.

WÄHREND UNSERES AUFENTHALTS traf ich zufällig auf Schwester Madeleine, die Mama damals im entscheidenden Moment den Rücken gekehrt hatte. Wir saßen mit Jean im Restaurant. Ich erzählte ihm, was sie getan hatte. Daraufhin forderte er mich auf, zu ihr zu gehen. Im Nachhinein werde ich ihm nie genug dafür danken können, denn hätte er mich nicht dazu gedrängt, hätte ich weiter in der Haut derer gesteckt, die sich verbergen muss.

Ich trat auf sie zu und begrüßte sie. Sie unterhielt sich mit einem jungen Weißen, der wohl gerade ein Praktikum hier machte, und tat zunächst so, als würde sie mich nicht bemerken oder mich nicht erkennen.

Angesichts dieses unaufrichtigen Verhaltens, beharrte ich auf meinem Vorhaben und pflanzte mich vor ihr auf.

»Wer bist du?«, fragte sie mit geheucheltem Erstaunen.

»Nun komm schon, Madeleine, du hast mich aufwachsen sehen. Erkennst du mich etwa nicht?«

»Du bist Zouzou!«, sagte sie und schluckte mühsam.

»Hör mal«, wagte ich mich weiter vor, »ich möchte dich kurz unter vier Augen sprechen – nur ein paar Minuten, würdest du sie mir wohl gewähren?«

»Ich habe keine Zeit, ich bin in Eile.«

»Zwei Minuten, es ist wirklich wichtig.«

Daraufhin bat sie den Jungen, der sie begleitete, im Wagen auf sie zu warten. Wir setzten uns an einen Tisch.

»So«, fuhr ich fort, »ich würde gerne von dir hören, warum du damals so gehandelt hast. Hast du wirklich geglaubt, wir würden alle sterben und du würdest nie mehr von uns hören?«

Da begann sie zu zittern. Der Kopf, die Hände, die Lippen, die Füße, ihr ganzer Körper zitterte, und trotzdem antwortete sie mir: »Ich habe das niemals getan. Da müsste schon deine Mutter kommen und mich anklagen, das getan zu haben.«

Einen Augenblick lang sah ich sie schweigend an. Dann sagte ich, was ich auf dem Herzen hatte: »Was du da sagst, ist niederträchtig. Friede der Seele von Mama. Und was mich betrifft, ich habe dich gesehen ... Aber jetzt erzähl mir doch mal! Wie lebst du in diesem Land, das von Tutsi regiert wird?«

»So etwas darf man nicht sagen, Zouzou. Ich kenne keinen Hass.«

»Wenn man Kindern solche Gräuel zufügt, sollte man sie lieber töten, Madeleine. Ich werde mich immer daran erinnern. Ich werde diese Erinnerung mein ganzes Leben mit mir herumtragen. Das wird noch lange dauern. Umso mehr als mein Leben noch vor mir liegt, während deines schon mehr hinter dir liegt.«

»Das ist eine Beleidigung!«, sagte sie aufgebracht.

Ich musterte sie eine Weile. Im Grunde wollte ich

nur, dass sie wusste, dass ich nichts vergessen hatte. Dass sie fortan mit dem Gewicht dieser Angst lebte. Später hat sie bei unseren gemeinsamen Bekannten Erkundigungen eingeholt, um in Erfahrung zu bringen, was ich vorhatte. Sie war überzeugt, dass ich Anklage gegen sie erheben würde. Doch ich habe es nicht getan, weil es gar nichts genützt hätte. Mir war es lieber, dass sie sich ihrer Verantwortung bewusst sein würde.

Selbst jetzt, da sie Ruanda verlassen hat und nach Europa zurückgekehrt ist, bedeutet die bloße Erwähnung meines Vornamens einen Albtraum für sie. Das weiß ich.

Auf ähnliche Weise bin ich auch der Frau von Adolphe begegnet. Doch als ich ihr gegenüberstand, überkam mich für kurze Zeit ein wahnsinniger Migräneanfall. Ich fühlte, wie die Angst in mir hochkroch, ähnlich wie während des Genozids. Dann habe ich mich wieder beruhigt. Thierry begleitete mich in ihr Büro. Dort bin ich ihr entgegengetreten. Nachdem ich sie sehr freundlich begrüßt hatte, erklärte ich ihr, dass ich mich nur erkundigen wolle, wie es ihr so gehe. Sie brachte kein Wort hervor. Beflügelt durch das bösartige Gefühl, sie als Erste zusammenbrechen zu sehen, stand ich kerzengerade vor ihr.

»Ich verstehe nicht«, begann sie, »warum du uns so attackierst, warum du gegen uns aussagst. Wir haben dich versteckt, wir waren sehr nett zu deiner Mutter und wir haben wirklich alles für dich getan ...«

»Ich bitte dich! Du weißt, wir befinden uns nicht

mehr vor Gericht. Das letzte Mal habt ihr Bestechungs-
geld bezahlt. Dein Mann ist davongekommen. Das
entzieht dich aber nicht deiner Verantwortung. Du
bist genauso kriminell wie er. Hör also auf, Theater zu
spielen.«

Da brach sie in Tränen aus. Thierry kochte vor Wut.
Sie weinte nur um ihrer selbst willen und nicht wegen
der begangenen Verbrechen.

Dann wurden wir abgeholt. Höchste Zeit, dass wir in
die Hauptstadt zurückkehrten ...

Warum tue ich all das? Um mich zu rächen? Nein.
Irgendwie ist es keine Rache. Nur ein Aufruf zur Ordnung ... Ich will sie mit ihrer Verantwortung konfron-
tieren. Die Gerichte tun nichts ... Doch wenn ich zu-
rückkomme als Zeugin ihrer Taten, werde ich zu ihrem
Gewissen.

Noch einmal – sie sind nicht zu bedauern. Sie führen wieder ein normales Leben. Viel schwerer ist es für
die Überlebenden des Genozids, dass ihre ehemaligen
Henker sie weiterhin als Untermenschen betrachten.

Aber unabhängig von dieser traurigen Bilanz zum Zustand meines Volkes halte ich es für wichtig, verschiedene Bemerkungen Thierrys festzuhalten. Er ist übrigens auch im Film der Jungs zu hören.

Nach dem Genozid, so erzählte er, gerieten die
Nachbarn, die seine ganze Familie – Eltern, beide Groß-
mütter, seine jüngere Schwester und seine Zwillings-
schwester – umgebracht hatten, bei dem Gedanken in

Panik, dass er sich an ihnen rächen könnte. Aber Thierry war Christ. Nachdem er viel gebetet und Gott immer wieder gefragt hatte, warum Er seine Familie nicht beschützt hätte, kam er zu folgendem Schluss: »Mein Glaube verbietet es mir, mich zu rächen. Die Rache obliegt dem Allmächtigen. Ich kenne Gott. In der Erziehung, die ich genossen habe, darf man nichts Schlechtes tun. Man tötet weder Tiere noch Menschen. Ich habe gelernt, nichts zu zerstören, die Menschen zu achten, und ich bin stolz darauf. Persönlich wäre ich nicht in der Lage gewesen, der Lust auf Rache zu widerstehen, aber Gott hat mir dabei geholfen.

Sie haben die Bücher meines Vaters verbrannt, selbst die Botanikbücher. Sie wollten uns entwurzeln ... Es war der Wahnsinn. Sie waren vom Teufel besessen. Mich also rächen, es machen wie sie? Nein! Mein Gewissen würde es mir nicht verzeihen. Ich überlasse es dem Himmel, diese Dinge zu regeln. Die Rache ist kein Gebet, um meine Familie – die Märtyrer dieses Genozids – zu begleiten.

Die Täter des Völkermords wissen, dass sie einen Fehler, eine Sünde begangen haben. Ihnen ist bewusst, dass sie Unschuldige getötet haben. Mein Vater war alt, und man könnte annehmen, dass er Schuld auf sich geladen hat, aber die Kinder ... Sie hatten überhaupt keinen Grund sie zu töten. Meine Familie, all meine Angehörigen, selbst die Hunde – sie hatten keinen Grund sie zu töten.

Wenn ich sie nun aber auslöschen würde, so würde ich ihnen Gründe liefern, ihre Taten zu rechtfertigen.

Das würde ein schlechtes Gleichgewicht schaffen. Ja, ein wirklich schlechtes Gleichgewicht ...

Ich wollte mich nicht an denen rächen, die meine Familie ausgelöscht haben. Ich habe ihnen sogar zu essen gegeben. Alle hatten sie Angst vor mir. Doch die Rache gebührt allein dem Allmächtigen.«

Thierry erklärte weiter, dass er eine Gesellschaft für Überlebende gegründet hat.

»Ich habe Gott um den Mut gebeten, in die Schule zurückzukehren, Ingenieur zu werden wie mein Vater. Ich will um das Leben kämpfen und um die Werte, die einem menschlichen Wesen würdig sind.

Natürlich hätte ich fortgehen können ... Doch wir haben alle den Genozid miterlebt. Wir werden gemeinsam standhalten, um uns gegenseitig zu helfen. An diese Philosophie glaube ich, um noch leben zu können.«

UNTER DEN ÜBERLEBENDEN in Ruanda sind viele Frauen, die an AIDS erkrankt sind, weil sie vergewaltigt wurden. Sie haben alle diesen Schmerz zu tragen und dazu den Hohn ihrer Mörder.

Als mir die jungen Mädchen von ihrem Leid erzählten, beschloss ich, sie zum Thema meiner nächsten Diplomarbeit zu machen. In diesem Moment habe ich mich auch entschieden, mich der Zukunft zuzuwenden und endgültig meine quälenden Zwangsvorstellungen aufzugeben.

Nachdem ich im April 2003 die Mörder verhört hatte, kontaktierte ich danach einige dieser jungen Frauen, mit denen ich in Kigali zwar außergewöhnlich intensive, aber viel zu kurze Begegnungen hatte. Doch ich halte es für unzureichend, nur ihre Vertraulichkeiten aufzuzeichnen und sie nur flüchtig wahrzunehmen. Ich möchte mehr tun. Ich bin beschämt, ihnen nicht mehr bieten zu können als meine Ohren, die ihnen zuhören. Es würde mich erleichtern, Mittel und Wege zu finden, sie materiell und finanziell zu unterstützen. Ihnen ganz einfach irgendwie zu helfen.

Die zweite Arbeit mit dem Thema »Das Leben der Überlebenden in Ruanda, das Leben danach ...« hat mir persönlich mehr geholfen als die erste. Durch sie wurde die Wunde nicht erneut aufgerissen, ich fand vielmehr Worte für sie, ohne an meinem Schmerz zu rühren. Die Schwierigkeit ist sagen zu können, dass das Schlimmste existiert hat, dass es wahr ist. Eine wesentliche Etappe in der Bewältigung meiner Erlebnisse bedeutet es, zuzugeben, was man selbst durchgemacht hat und dass man trotzdem weiterlebt.

Indem man von den anderen spricht, bringt man auch etwas von sich selbst zum Ausdruck. Wenn man die Schändlichkeit in Worte fasst, wird sie etwas weniger bedrohlich, löst sie sich ein wenig auf. Durch die Tatsache sie auszusprechen, sie mir selbst einzugestehen, kann ich sie leichter verarbeiten und handhaben für mein späteres Leben.

Indem ich von den Überlebenden spreche, will ich aufzeigen, in welchem Ausmaß sie vergessen wurden, während und vor allem nach dem Genozid. Diese Menschen haben nichts, sie sind völlig mittellos, und es gelingt ihnen doch – und das ist das Schöne – menschlich zu bleiben und erhobenen Hauptes zu überleben.

Man könnte tausend Beispiele aufzählen. Sie zeugen alle von unglaublicher Würde. Angélique, ein junges Mädchen, die mit sieben Jahren vergewaltigt wurde und mit elf Jahren entdeckt, dass sie das Virus AIDS in sich trägt, legt eine Weisheit an den Tag, über die manche Großmutter nicht verfügt. Sie hat nicht resigniert, ist einfach nur stark und nimmt ihr Schicksal an. Sie lebt.

Und sie ist kein Einzelfall. Viele vergewaltigte Frauen, die von ihrem Henker schwanger geworden sind, ziehen die Kleinen auf, die sie behalten haben. Das Kind seines Peinigers großzuziehen, erfordert seltene menschliche Qualitäten. Viele Tutsi haben übrigens Sprösslinge der Hutu aufgenommen, die von ihren Eltern verlassen wurden und zu erschöpft waren zu fliehen. All diese schönen Dinge gibt es. All diese Frauen, die in ihrer Seele die Kraft finden, diese Prüfungen zu meistern. Sie haben nichts mehr. Trotzdem sind sie in der Lage zu geben. Ihren Kindern, aber auch anderen. Das ist beispielhaft. Wenn man sie nur ein wenig unterstützen und ihre Vorbildlichkeit anerkennen könnte ...

All diese Frauen schenken so viel Liebe, so viel Aufmerksamkeit ... Sie haben alle Facetten des Schicksals kennen gelernt, die guten und die schlimmsten, und trotzdem geben sie nicht auf, sondern tun alles, um diese Welt besser zu machen. Diese Art das Unglück umzukehren, ist eine Lektion in Sachen Menschlichkeit. Es ist schwer, dieses Bewusstseinsniveau zu erreichen, doch es gibt keinen anderen Weg.

Das ist ungeheuer bemerkenswert, wichtig und lebensnotwendig. Und genau das will ich aufzeigen. Was diese Frauen auch haben ertragen müssen, welches auch der Grad ihrer Zerstörung war, indem sie die Werte des Lebens verteidigen, bauen sie sich erneut eine Existenz auf, die dieses Namens würdig ist. Sie achten sich. Sie geben Liebe weiter. Wie einer der Überlebenden sagte: »Die Frauen sind die Hoffnung auf ein Morgen.«

Epilog

»WOHER KOMMEN SIE?«

»Vom Planeten Erde.«

»Ja, aber aus welchem Land?«

»Aus Afrika ...«

»Und aus welchem Teil?«

»Aus Afrika«, wiederhole ich dann und entferne mich lächelnd.

Wenn jemand mich kennen lernen will, stellt er mir meistens diese Art von Fragen. Dabei geht es nicht eigentlich um mich, sondern um meine Hautfarbe.

Es handelt sich weder um Rassendiskriminierung noch um Boshaftigkeit, sondern um reines Interesse. Diese Anteilnahme mag gut gemeint sein, ist aber ungeschickt formuliert und belastet mich.

Darum antworte ich heute auf solche Fragen nach meiner Herkunft oft mit einem erfundenen, ganz gewöhnlichen Lebenslauf. Ich will nichts erklären und auch nicht vom Tod meiner Familie sprechen. Das würde zu weit führen. Außerdem kann ich, sobald ich zu erzählen beginne, nicht mehr aufhören. Dafür ist dieses Buch der Beweis!

Also erfinde ich lieber ein banales Familienleben oder ich lenke vom Thema ab, indem ich von der Beziehung zu meinen künftigen Schwiegereltern spreche oder, was noch unpersönlicher ist, von meinem Studium.

Trotzdem fühle ich mich manchmal von Sensationssüchtigen bedrängt: »Ja, aber haben Sie sich hier integriert?«

Denn das ist ihre eigentliche Sorge.

»Wie kann sich jemand aus Afrika in Europa integrieren?«, frage ich mich. Wie fügen sich die Opfer eines Genozids in das normale Leben ein? Und die vergewaltigten Mädchen? Und die Jugendlichen, die in ihrer Gastfamilie schlechte Erfahrungen gemacht haben? In der ersten Zeit gewöhnen sie sich sicherlich ein, indem sie Menschen finden, die in der Lage sind, ihnen zuzuhören.

Was mich betrifft, so habe ich das Gefühl, endlich integriert zu sein. Dank meines letzten Aufenthalts in Ruanda und der wundervollen Freundschaft mit prächtigen Menschen, dank einer aufrichtigen, reinen Liebe und der Leidenschaft für mein Studium akzeptiere ich mich endlich wie ich bin. Denn um sich überhaupt eingliedern zu können, muss man wissen, wer man ist, mitsamt seiner Vergangenheit, seinem Leid, aber auch mit seinem Reichtum und seiner Besonderheit. Dann erst kann man wählen, an welchem Ort, in welchem Land und in welcher Gesellschaft man leben will. Integration bedeutet nicht die Gefahr einer Verwässerung. Seine Besonderheit zu behalten ist eine Bereicherung für die, die uns aufnehmen.

Das ist sicher auch der Grund, warum ich mich zu Wort gemeldet habe. Um zu der inneren Überzeugung zu gelangen, dass ich das Recht habe, so zu sein, wie ich bin. Der Wunsch als Zeugin aufzutreten, ist umso intensiver, als viele Überlebende, vergewaltigte Mädchen und unverstandene Jugendliche, zum Schweigen verdammt sind.

Man wirft mir bisweilen vor, mich mit der älteren Generation auf eine Stufe zu stellen. Aber ich bin kein Kind mehr und finde, dass ich heute Respekt verdiene.

Auch macht man mir Vorhaltungen, meine Gastfamilien kritisiert zu haben. So sagen manche zu mir: »Annick, du übertreibst! Du solltest froh sein, dass du damals ein Dach über dem Kopf hattest.«

Man darf trotzdem nicht alles hinnehmen. Es ist dasselbe wie mit dem Pastor ...

Um mit der Vergangenheit abzuschließen, muss ich eine ehrliche Bilanz ziehen. Es ist unmöglich, die Passivseite für mich zu behalten. Für mich selbst, aber auch um die Existenzbedingungen der Vernachlässigten und Überlebenden, um die sich keiner kümmert, öffentlich zu machen. Sie so im Stich zu lassen, ist eine Schande für die Menschheit.

Man darf es nicht verschweigen, es muss herausgeschrien werden. Es reicht nicht, überlebt zu haben, man muss auch lernen weiterzuleben. Das Leben in sich pulsieren lassen. Ja, ich lebe, wenn ich lache, genieße oder liebe, wenn ich mich begeistere, kämpfe und argumentiere.

Ohne dabei zu vergessen, danke zu sagen.

Einen herzlichen Dank an all diejenigen, die mich ermutigt haben. Dank an meine Schwester, die mich immer getröstet hat. Dank an meine Professoren, denen meine Art zu denken gefallen hat. Dank an meine Freunde. Und Dank an die Jungs.

Wenn ich Jungs sage, meine ich Raphaël, David und Pierre. Dass ich in Ruanda an ihrer Seite sein und an der Gestaltung ihres Films teilnehmen durfte und jetzt weiter mit ihnen arbeiten kann, indem ich die Interviews übersetze, all das hat mir geholfen, aus meinem Schmerz auszubrechen und meinen Weg zu gehen. In einer solchen »Gemeinschaft« zu leben, sich unter Jugendlichen gegenseitig zu helfen, eine Atmosphäre der Verbundenheit zu schaffen, war unglaublich wichtig für mich. Und gleichzeitig bin ich dankbar, stark genug gewesen zu sein, das zu sehen, was um uns herum geschah, ohne zusammenzubrechen.

Unsere Recherchen, die eindrucksvollen Erlebnisse, die wir geteilt haben, die Entdeckung der Massengräber, die offiziellen Gedenkfeiern, bleiben für mich – so grauenvoll sie auch waren – unvergessliche Augenblicke der Gemeinsamkeit.

Es ist in der Tat wichtig, das teilen zu können, was so entsetzlich für mich gewesen war. Das war 1997 mit Denise unmöglich, weil sie nicht verstanden hat. Als ich im Jahr 2002 allein aufbrach, um vor Gericht auszusagen, wusste ich nicht, bis zu welchem Punkt die anderen mein Leid, mein Bedürfnis nach Zuwendung und Unterstützung begriffen. Ich sagte, alles sei in Ordnung, um die Dinge nicht unnötig zu verkomplizieren.

Außerdem lebe ich heute nicht mehr so wie die Menschen in Ruanda, also hätte ich Schwierigkeiten, mich dort wieder einzugliedern. Was kann ich ihnen von meinem Leben erzählen? Man verändert sich, man passt sich an. Wir haben nicht mehr dieselbe Art zu denken.

Mit den Jungs hingegen befinde ich mich im Einklang. Sie leben in Frankreich in derselben Situation wie ich. Wir haben dieselben Orientierungspunkte. Deshalb konnten sie so gut die Kluft zwischen meinem Leben in Europa und den Schrecken meiner Kindheit ermessen.

Meine Freunde und meine Schwester haben es mir ermöglicht, wieder meinen Platz als Mensch unter Menschen zu finden. Das war nicht einfach. Noch heute muss ich kämpfen ...

Ich danke euch also allen für diesen Neuanfang!

Ich danke auch den Kämpfern der FPR. Ohne sie wäre der Völkermord vollendet worden, und es wäre niemand mehr da, um Zeugnis abzulegen.

Dank auch an die jungen Ruander. An Claire, Thierry, Jean und an die Freunde. Sie haben mir eine ungeheure Hoffnung für Ruanda geschenkt. Sie haben ihr Leben, ihre Pläne, ihre Bekannten. Sie gehen aus, sie amüsieren sich. Das hätte ich nie für möglich gehalten. Ich konnte mir nicht vorstellen, wie man in meinem Heimatland je wieder normal leben könnte. Doch durch sie habe ich im Jahr 2003 entdeckt, dass es immer Hoffnung gibt.

Dank auch an die Liebe und an den, der sie mir

schenkt, an meinen Verlobten. Ich kann das Buch nicht abschließen, ohne von ihm zu sprechen und den wundervollen Augenblick unserer Begegnung wie ein Happy End zu erzählen.

Es war am 30. April 2003. Ich kam gerade aus Ruanda zurück. Dieses Datum ist auch der Todestag meiner Mutter. Kaum war ich wieder bei meiner Schwester, rief mich meine beste Freundin Shora an. Sie wollte, dass ich mich mit ihr in Paris treffe. Schließlich hockten wir in einer Kneipe zusammen. Rings um uns herum Studenten. Ich weiß nicht, ob das ein Zeichen ist, aber ich glaube an das Schicksal.

Den einzigen freien Platz habe ich rechts neben diesem Jungen mit den Augen einer Perserkatze gefunden ...

Ich setzte mich also neben ihn. Wir diskutierten. Ich zeigte ihm Fotos. Er verstand mich, ebenso wie die Jungs, ohne dass ich ihm etwas hätte erklären müssen. Er sah sich die Bilder aufmerksam an. Zwar hatte er keine Ahnung von Ruanda, aber er begriff, worum es ging. Sofort fiel mir auf, dass er die Fähigkeit besaß zuzuhören und außergewöhnlich reif war.

Darüber vergaß ich sogar, welcher Tag war. Dabei denke ich normalerweise die vierundzwanzig Stunden an nichts anderes. Denn das Einzige, was ich noch tun kann, ist das Andenken an meine am 30. April verstorbenen Lieben zu ehren. Aber an diesem Tag, unglaublich! Solange wir uns unterhielten, dachte ich keine

Sekunde daran. So machte mir meine Mutter auf ihre Art ein Geschenk.

Danke, Mama!

David an diesem Ort, an diesem neunten Todestag, dem traurigsten des ganzen Jahres, zu treffen, war ein Wunder.

Jedes Mal, wenn David davon spricht, wie wir uns kennen gelernt haben, glänzen seine Augen. »In dem Moment, in dem ich dich gesehen habe«, wiederholt er stets, »wusste ich, dass du die Frau meines Lebens bist ...«

Seither ist das Leben weitergegangen. Die Pläne bleiben, vor allem der, eine Familie zu gründen. Das Schuldgefühl überlebt zu haben, lässt nach. Jetzt habe ich andere Gefühle, andere Hoffnungen. Ich habe die Vergangenheit nicht vergessen und werde alles tun, damit sie nicht vergessen wird. Nicht um den Hass unsterblich zu machen, sondern um die Grenzen des Grauens auszuloten. Damit aus der Abscheu vor der Barbarei die Werte der Menschlichkeit auftauchen. Damit unsere Stellung und unser Schicksal, Mensch zu sein, Bedeutung hat.

Und unsere Würde.

Anhang

BIBLIOGRAFIE

Hierbei handelt es sich um ausgewählte Literatur im
thematischen Umfeld des Textes.

Dallaire, Roméo, *Handschlag mit dem Teufel*,
Frankfurt 2004

Des Forges, Alison, *Kein Zeuge darf überleben. Der Genozid
in Ruanda*, Hamburg 2002

Franche, Dominique, *Rwanda. Généalogie d'un génocide*,
Paris 1997

Hatzfeld, Jean, *Nur das nackte Leben. Berichte aus den
Sümpfen Ruandas*, Gießen 2004

Hatzfeld, Jean, *Zeit der Macheten. Gespräch mit den Tätern
des Völkermordes in Ruanda*, Gießen 2004

Mukagasana, *Yolande, N'aie pas peur de savoir*,
Paris 1999

Saint-Exupéry, Patrick de, *L'inavouable. La France au
Rwanda*, Paris 2004

FILMOGRAFIE

Rwanda, un crie d'un silence inouï, Anne Lainé, 2003
Au Rwanda, on dit, Anne Aghion, 2004
Tuez-les tous!, Raphaël Glucksmann, David Hazan und
Pierre Mezerette, 2004
Ibuka, Kurzfilm, Raphaël Glucksmann, David Hazan und
Pierre Mezerette, 2004
Hotel Ruanda, Terry George, 2004

DANKSAGUNG

Mein Dank gilt Aline und David, die ich liebe,
Johanna, Sarah, Évelyne und Jean-René, die meine
neue Familie sind,
meinen Freunden Natacha, Shora, Sonia, David,
Raphaël und Pierre,
Dafoza und Assumpta für ihre unermüdliche
Unterstützung,
und Albertine für dieses Buch.

Frauenschicksale

Sattareh
Farman-Farmaian
Dona Munker
Schahsades Tochter
Die faszinierende Lebensgeschichte einer Frau im Iran
3-453-87744-6

Zana Muhsen
Andrew Crofts
*Noch einmal
meine Mutter sehen*
Vom eigenen Vater
in die Sklaverei verkauft
3-453-86935-4

Zana Muhsen
Andrew Crofts
Verschleppt im Jemen
Die verzweifelte Suche nach
meiner Schwester Nadia
3-453-64500-6

Djura
*Der Schleier
des Schweigens*
Von der eigenen Familie
zum Tode verurteilt
3-453-87316-5

Sérénade Chafik
*Gebt mir mein Kind
zurück!*
Eine ägyptische Mutter
kämpft um ihre Tochter
3-453-64502-2

3-453-64502-2

HEYNE